RAPPORT

FAIT A LA SOCIÉTÉ LIBRE DES BEAUX-ARTS,

AU NOM DE LA COMMISSION DE SOUSCRIPTION

AU PROFIT DES INONDÉS DU MIDI,

Par M. JACQUEMART,

Secrétaire de cette commission.

NOTE.

La Commission se composait de MM. Bienaimé, Drolling, Durand, Du Rozoir, Gatteaux, Jacquemart, Albert
Lenoir, Lorichon, Muller, Normand, Thiollet.

Ont été adjoints à la Commission, **MM.** Aulnette-
Duvautenet, Boisselier (de Versailles), Desbœufs, Huard,
Lequeux, Leveil, Vavin.

Ont pris spontanément part aux réunions de la Commission, MM. Allais, Delaire, Dien, Mauduit, Millon,
Mirault, Olivier, Pigalle, etc.

Il faudrait nommer presque tous les membres résidant
à Paris, si l'on voulait indiquer ceux qui ont consacré leur temps à la surveillance sur le lieu de l'exposition.

RAPPORT

FAIT A LA SOCIÉTÉ LIBRE DES BEAUX-ARTS

AU NOM DE LA COMMISSION DE SOUSCRIPTION

AU PROFIT

DES INONDÉS DU MIDI,

Par M. JACQUEMART,

Secrétaire de cette Commission.

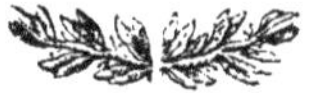

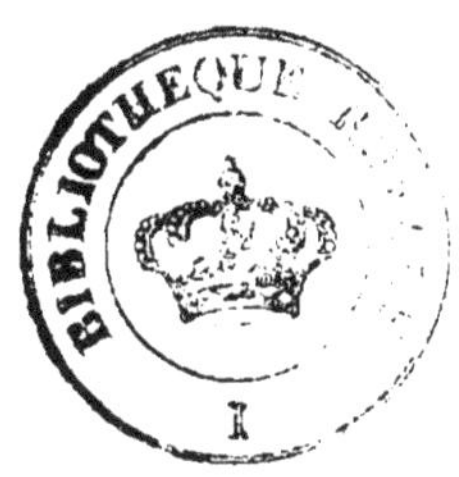

PARIS

IMPRIMERIE DE DUCESSOIS, QUAI DES AUGUSTINS, 55.

près le Pont-Neuf.

1841

RAPPORT

FAIT A LA SOCIÉTÉ LIBRE DES BEAUX-ARTS,

AU NOM DE LA COMMISSION DE SOUSCRIPTION

AU PROFIT DES INONDÉS DU MIDI,

Par M. JACQUEMART,

Secrétaire de cette commission.

***

Messieurs,

Lorsque, dans la séance du 1er décembre dernier, notre collègue M. Normand vint vous pro-
poser d'ouvrir une souscription en objets d'art
pour secourir les inondés du midi, vous accueil-
lîtes cette noble pensée avec un véritable en-
thousiasme, et, nommant immédiatement une
commision exécutive, vous lui laissâtes le soin
de concerter les moyens d'exécution propres à
assurer le succés de l'œuvre qu'il s'agissait d'en-
treprendre.

Bien que la plupart d'entre vous aient secondé
puissamment cette commission dans sa laborieuse
mission, bien que vous ayez tous suivi avec intérêt les résultats de nos travaux, nous n'en
croyons pas moins de notre devoir de vous rendre

aujourd'hui un compte exact des diverses opérations auxquelles nous avons dû nous livrer ;
il vous reste d'ailleurs une haute justice à exercer
en sanctionnant la vive approbation que nous
appelons sur certains actes, en appréciant les autres comme ils méritent de l'être.

Vous vous le rappelez, messieurs, la première
mesure que la commission crut devoir arrêter,
sur la proposition de **M.** Gatteaux, fut l'envoi
d'une lettre aux sociétés savantes ou artielles de
la capitale, pour les engager à s'unir à nous. Cette
démarche eut un plein succès ; des délégués nous
furent envoyés, et d'un commun accord, des listes
furent ouvertes pour l'inscription des noms des donataires ; une autre circulaire fut adressée à tous les
artistes français et à nos correspondants étrangers ;
les journaux l'*Artiste* et le *Journal des Artistes*, fiers
de nous prêter leur concours efficace, s'empres-
sèrent de reproduire celle-ci dans leurs colonnes,
et bientôt les noms les plus éminents vinrent se
grouper en listes nombreuses, que les deux journaux que je viens de mentionner, publiaient
successivement dans chacun de leurs numéros.

M. Felsing, correspondant de la Société libre
des Beaux-Arts, à Darmstadt, fut un des premiers à répondre à notre appel en nous adres-
sant une épreuve de sa charmante gravure de
Geneviève ; la Société des Amis des Arts nous
offrit, par l'intermédiaire de **M.** Gatteaux, les
vingt-six gravures qui composent aujourd'hui sa

collection; M. Bourgeois, déjà atteint de la maladie qui devait le ravir à la peinture, trouvait la force de fouiller dans ses cartons pour réunir et nous envoyer quatorze sépia dues à son habile pinceau. M. Léon Cogniet, M. Gallait composaient, pour la circonstance, de délicieux dessins ; M. le comte Turpin de Crissé nous faisait remettre sous le titre modeste d'étude, un de ses plus jolis tableaux ; Bellangé, Charlet, donnaient de ces dessins pleins d'une verve à la fois profonde et comique que l'on ne se lasse jamais d'admirer; Cortot, David d'Angers, Foyatier, apportaient leurs esquisses; que dirai-je ? peintres, poëtes, sculpteurs, architectes, graveurs, musiciens, semblaient rivaliser d'ardeur et chercher à prouver par leur empressement que toutes les âmes élevées vers les hautes régions de l'intelligence, sont les premiers à vibrer sous l'inspiration d'une sainte pitié. Aussi, à peine l'œuvre philanthropique de la société libre des beaux-arts était elle annoncée, que deux cents noms figuraient sur ses listes. Ce n'est pas tout, les offrandes se multipliaient au point que M. Normand, chez lequel les objets devaient être reçus jusqu'au moment de leur exposition, voyait sa maison convertie en musée; il fallut donc songer à trouver un local propre à servir à cette exposition, afin d'y déposer les offrandes déjà recueillies et de les soumettre à l'appréciation du public.

La commission avait, dès le principe, émis le vœu que ce local fût choisi parmi ceux dont l'au-

torité peut disposer, afin qu'il en résultât pour la
loterie l'avantage du haut patronage sous lequel
on comptait ainsi se placer. Il fut décidé, en
conséquence, qu'une démarche serait faite auprès de M. de Cailleux, afin de lui demander la salle
des Amis des Arts, qui se trouvait alors vacante
au Louvre.

Une députation composée du président de la
société, de celui de la commission et de plusieurs
commissaires, se rendit avec une lettre d'audience
chez le directeur des musées royaux ; nous évite-
rons de vous dire, messieurs, quelles furent les
formes de cette réception ; l'administrateur tâcha
de cacher son refus sous une apparence d'impuis-
sance personnelle, et nous engagea à nous adresser plus haut ; votre président le fit, messieurs, et
bientôt une lettre de M. de Montalivet, réponse
prévue, mais au moins pleine de grâce et d'urba-
nité, annonça que le directeur des musées avait
besoin de la salle des Amis des Arts, et qu'on re-
grettait de ne pouvoir la mettre à notre disposition.

Il fallait se pourvoir ailleurs ; on pensa à la
préfecture du département de la Seine ; là, du
moins, nous étions sûrs de rencontrer un administrateur dont la bienveillance est assurée depuis
longtemps à la Société libre des Beaux-Arts ; mais,
malheureusement, M. de Rambuteau ne put trouver, au milieu des décombres qui environnent la

maison commune, une place digne de nous servir d'abri.

Repoussée ainsi de toutes parts, la commission renonça, non sans regret, à sa première pensée, et songea, tout d'abord, à s'adresser aux administrateurs des galeries artistiques du boulevard Bonne-Nouvelle, pour leur demander un asile dans leur beau local. Il faut le dire, messieurs, l'accueil à la fois généreux et empressé que trouva de la part de ces hommes honorables, votre commission, dut lui faire oublier les déboires qu'elle avait eu à subir ailleurs. Non-seulement on mit à notre disposition une galerie tout entière pour un temps indéterminé sans vouloir en retirer le moindre prix, mais encore on nous offrit le concours des agens employés dans l'établissement et toutes les autres facilités qui pouvaient rendre notre action plus efficace sur le public; nous pûmes placarder des affiches soit à l intérieur, soit à l'extérieur du Bazar, et y établir un dépôt de billets.

Pendant qu'à cet égard toutes les mesures convenables étaient prises, la commission avait arrêté la forme des billets de la loterie; elle en avait fixé le prix à 3 francs, et une première émission de 3,000 avait été résolue et effectuée instantanément grâce au zèle empressé de toute la famille de M. Normand, et au secours qu'il put trouver de la part des fils de nos collègues Muller et Thiollet.

Les principaux marchands de tableaux, de couleurs, de gravures, etc., reçurent avec empressement des dépôts de ces billets ; le transport des objets à la galerie Bonne-Nouvelle avait été effectué par les soins de M. Normand, qui semblait se multiplier pour assurer le succès de la bonne œuvre entreprise à son instigation ; aidé puissamment par notre collègue Pigalle, il put établir en quelques jours l'aménagement de notre exposition, de manière à ce qu'elle s'ouvrît le 15 avril. En une nuit, l'impression d'un premier catalogue (1) contenant 484 numéros d'objets, fut préparée.

L'exhibition fut donc ouverte au jour indiqué, mais, comme il est toujours fort difficile de concerter avec régularité les moyens d'exécution d'une opération semblable, la liste des commissaires n'avait point été dressée, et le secrétaire dut garder les galeries pendant les trois premiers jours avec quelques collègues qui voulurent bien lui prêter leur aide. Le catalogue n'était pas non plus arrivé à temps et le numérotage des objets ne put s'effectuer que le second jour. Beaucoup des noms inscrits sur les listes manquaient encore à l'appel; il fallait faire des démarches auprès des souscripteurs en retard pour hâter l'arrivée de leurs offrandes ; ces démarches furent faites, d'un côté par les commissaires, et de l'autre, par M. Mirault conjointement avec M. Eugène Va-

(1) Voy p. 17.

vin ; le zèle de ces deux collègues fut couronné
d'un succès qui dépassa leurs espérances ; leur
liste se grossit de nouveaux noms, en sorte qu'au
moment où nous ouvrions notre exposition, il
fallait mettre sous presse un supplément de catalogue comprenant 138 objets, et encore devons
nous faire observer que, par suite de la division du
travail et de l'inexpérience inévitable de la part de
chacun beaucoup d'erreurs et d'omissions avaient
eu lieu dans ces deux catalogues (1).

Le public visitait les galeries, la presse parlait
de cette remarquable entreprise du talent en faveur des malheureux ; au dehors, les billets se
plaçaient avec rapidité ; M. Vavin s'adressait à la
reine, à Madame Adélaïde, et tout aussitôt leurs
souscriptions nous parvenaient ; les curieux , en
parcourant les salles , ne pouvaient faire taire le
désir de gagner tel ou tel lot, et, partie par es-
poir, partie pour faire une bonne œuvre, ils en-
levaient les billets placés au bureau du commis-
saire de garde à la galerie. Comment en eût-il été
autrement ; là tous les goûts pouvaient être satis·
faits, peintres classiques ou de la nouvelle école,
se trouvaient heureux côte à côte ; la gravure en
taille douce, la manière noire, sa rivale, ne ve-
vaient plus se faire concurrence, chacune étalait
ses charmes pour tenter plus sûrement tous les
goûts ; sous les vitres, les noms les plus brillants

(1) Voir le premier supplément.

de la littérature et de la musique appelaient les yeux; ici, Chateaubriand colosse de génie avait signé de sa main l'offrande de son cœur; là cet autre génie, Béranger, étoile cachée mais non éclipsée de notre époque, tâchait de se faire petit en inscrivant sur son offrande : *Je n'ai jamais tant rougi d'être aussi pauvre.* Madame Tastu faisait précéder ses œuvres poétiques d'une pièce empreinte de toute la pitié qu'une circonstance semblable pouvait faire naître dans le cœur d'une femme; nous nous plaisons à reproduire cette pièce que liront encore avec plaisir ceux qui la connaissent déjà.

Oh ! je sais ce qu'on souffre à voir le vent d'orage
D'un souffle inattendu renverser nos travaux,
Et le fruit de nos soins, notre unique héritage ,
Dans un jour de désastre, englouti sous les eaux !

Oh! je sais ce qu'on souffre à pleurer, solitaire,
A chercher le repos sans savoir en quel lieu ;
A trembler pour les siens, à n'avoir plus sur terre,
De foi que dans soi-même, et de recours qu'en Dieu !

Allez, denier du pauvre, obole de la veuve ,
Au trésor du malheur, grain de sable ajouté,
Allez ! — De ma pitié bien petite est la preuve,
Si rien était petit devant la charité !

Le vénérable Berton, Vogt, Zimmermann, Dauprat, avaient consacré à notre œuvre des compositions inédites ou autographes.

La sculpture étalait de son côté des produits

intéressants dans tous les genres. Les démarches des commissaires continuaient d'ailleurs à porter leurs fruits, il n'était point de jour où quelque offrande nouvelle ne vînt enrichir la galerie, en sorte qu'il fallut bientôt grossir le catalogue d'un deuxième et d'un troisième supplément. Et cependant nous devons le dire encore, pour ceux qui s'étonneraient de l'absence de certains noms sur ces listes, si le temps eût été moins rapide, si les commissaires, plus nombreux, eussent pu remplir à la lettre l'engagement pris par la circulaire, beaucoup plus d'artistes eussent été visités, beaucoup plus eussent donné ; quoi qu'il en soit, nous croyons être dans le vrai en assurant que chacun des commissaires a fait ce qu'il a pu, et dès-lors, ce qu'il devait faire.

Conformément au vœu de la loi, votre commission avait, dès l'origine, sollicité la permission nécessaire pour pouvoir opérer le tirage au sort des objets offerts aux inondés, cette permission avait réglé les mesures à prendre pour l'ordre de cette opération. La commission s'était aussi mise en rapport avec M. Vernes et les autres membres de la commission établie près la banque de France ; des versements partiels avaient déjà été effectués par les soins de M. Thiollet, trésorier de la société, lorsqu'on arrêta que le tirage de la loterie se ferait le 12 juin. Une salle de la galerie Bonne-Nouvelle, fut préparée à cet effet ; des annonces prévinrent le public du jour et de l'heure de ce tirage , et les membres de la commission de Lyon, le député et le maire de cette ville , celui du troisième arrondissement de Paris, furent invités à y assister. Nous essaierions en vain de vous donner une idée de l'immensité des travaux qui précèderent cette opération ; formation des lots , confection de 3,600 numéros , collation de ceux-ci, opération consistant à les rouler dans des étuis ou anneaux, tout dut être fait en quelques jours : heureusement que madame Normand , et quelques autres dames voulurent bien nous prêter leur secours, et tout arriva à temps. Le tirage fut présidé par M. Mirault et par M. Delaire, président de la société, nommé pour l'exercice 1841-1842. Je n'ai pas besoin de vous rappeler , messieurs , l'ordre avec lequel cette opération s'effectua et la bienveillance que manifesta le public dans cette circonstance ; on eût dit une fête de famille ; une confiance mutuelle unissait en quelque sorte le bureau et l'assistance, ce qui abrégea beaucoup le temps de l'opération ainsi que le constate le procès-verbal joint à la liste des numéros sortis de l'urne.

Dès le surlendemain du tirage, la distribution des lots commença. M. Milon, dont le zèle ne s'était pas démenti un seul instant, avait préparé, pendant la nuit, une liste par ordre numérique, qui permît de procéder avec ordre à la répartition des objets gagnés.

Après le délai légal pour la distribution des

lots, un certain nombre de ceux-ci n'ayant point
été réclamés, retourna, ainsi qu'il avait été décidé, au profit des inondés. Il fut arrêté qu'une
nouvelle émission de billets entre les membres
de la commission et les commissaires, pourvoi-
rait au placement de ces lots, et qu'une seconde
loterie les répartirait par la voie du sort. Ce tirage
s'effectua chez M. Normand, et il vint compléter
les opérations dont la commission avait à s'oc-
cuper.

Une lettre de M. Vernes avait fait presser cette
dernière mesure : nous transcrivons ici cette lettre :

COMMISSIONS RÉUNIES

*Pour les Victimes de l'Inondation dans le département
du Rhône et dans les autres départ. du Midi.*

Paris, 15 juillet 1841.

Monsieur le Président,

Lorsque vous voulûtes bien me faire compter
le dernier versement des 7,800 fr. pour le produit de la loterie à la suite de votre exposition
d'objets d'art, je crois me rappeler qu'il me fut
dit qu'il y aurait peut-être encore un petit solde
après le règlement définitif de cette opération.

Je ne sais si je fais erreur, mais au moment
d'arrêter mes comptes, je prends la liberté de
vous demander si en effet nous avons encore à
espérer quelque léger versement.

Je désire surtout au reste, monsieur, vous témoigner par cette lettre toute notre reconnaissance pour les efforts soutenus et laborieux que vous avez faits, dans une œuvre qui a concouru efficacement au soulagemeut de nos malheureux compatriotes du Midi. Veuillez exprimer à votre Société combien nous avons été touchés de son zèle charitable en cette occasion.

Veuillez recevoir l'assurance de la considération très-distinguée avec laquelle j'ai l'honneur d'être,

Votre très-humble et obéissant serviteur,

CHARLES **VERNES**,
Trésorier.

M. Normand remit donc immédiatement à M. Vernes le solde des fonds qu'il avait entre les mains, et il en résulta le décompte suivant du produit de la loterie au profit des inondés.

Il avait été émis. . . . . 3310 billets.
Il en avait été placé. . . 3097)
Il en était resté. . . . . 213) 3310 total égal.
Les 3097 billets vendus représentaient
   un total de. . . . . 9,291 »
Les livrets vendus aux galeries ont
   produit 56 25

Produit total brut. . . 9,347 25

Les frais divers se sont
élevés à 978 35

Il a été versé entre les
mains de **M. Vernes**. .   8,368 90   8,368 90

Total égal au produit brut   9,347 35

Il a été placé pour la loterie supplémentaire
51 billets à 3 fr. . . .   153 »

Les frais de cette opéra-
se sont élevés à. . . .   14 »

Il reste . . . . .   139 »

qui ont été versés entre les mains de
M. Vernes. . . . .   139 »

Le produit net de la loterie s'élève
donc à. 8,507 90

Ce résultat, messieurs, doit paraître satisfai-
sant, non pas, certes, si l'on considère la valeur
réelle des objets offerts à la Société pour venir au
secours des inondés ; mais, quand on songe que
nous sommes arrivés les derniers, alors que les
efforts de la charité semblaient épuisés, à une
époque où déjà chacun gagnait sa maison des
champs, il faut convenir que nous ne pouvions
espérer davantage.

Il nous reste, en terminant, messieurs, à si-
gnaler à votre gratitude bien des actes de dé-

vouement ; nous avons parlé du plus efficace de tous, en vous faisant connaître la conduite des propriétaires des galeries du Bazar Bonne-Nouvelle. Plusieurs fabricants de cadres apprenant dans quel but on leur faisait monter tel dessin, encadrer tel tableau, ont refusé de recevoir le prix de leur labeur ; nous citerons parmi ceux-ci M. Réné-Beaubœuf ; MM. Lenoir, Clément, et plusieurs autres marchands de gravure nous ont prêté, pour tout le temps de l'exposition, les passe-partout qui nous ont permis d'étaler aux yeux du public les œuvres de la gravure.

Parmi nos collègues, M. Normand est au-dessus de toute apologie ; MM. Milon, Pigalle, Mauduit, Vavin, n'ont ménagé ni temps, ni soins pour la réussite de notre entreprise. M. Mirault et M. Durosoir n'ont cessé non plus de s'employer au succès d'une œuvre qui était devenue leur, par suite de la position de l'un comme président de la Société, de l'autre comme président de la commission de souscription ; tous les commissaires enfin ont mérité les plus grands éloges pour leur zèle à remplir des fonctions qu'ils avaient bénévolement acceptées, et que plusieurs d'entre eux ont remplies plusieurs fois.

Vous nous pardonnerez, messieurs, d'appuyer sur ces détails, qui sembleraient devoir rester en famille ; mais ils nous ont paru nécessaires à mentionner ici, car ils portent avec eux un enseignement utile. On parle souvent de l'égoïsme qui paralyse les cœurs à l'époque actuelle ; on semble nier la possibilité de voir naître aujourd'hui les idées généreuses, ou de les voir se reproduire autrement que par des utopies. La loterie au profit des inondés aura prouvé qu'il n'en est rien, et que suivant l'heureuse expression de notre collègue **M. Allais**, si les artistes diffèrent quelquefois d'opinion sur les questions dont ils s'occupent spécialement, ils n'ont qu'une manière de sentir lorsqu'il est en leur pouvoir de soulager l'infortune.

Nous venons donc vous demander qu'il soit voté des remerciements aux différentes personnes qui viennent d'être mentionnées dans ce rapport.

L'assemblée adoptant les conclusions de la commission, a voté à l'unanimité des remerciments aux personnes qui se sont occupées, à quelque titre que ce soit, de l'œuvre entreprise par la Société libre des Beaux-Arts pour les inondés du midi ; il a été décidé de plus que le présent rapport, accompagné des pièces à l'appui, serait adressé avec une lettre spéciale à chacun des donataires inscrits sur nos listes.

CATALOGUE

DES OBJETS

OFFERTS PAR LES ARTISTES FRANÇAIS

POUR LA LOTERIE
EN FAVEUR DES INONDÉS DU MIDI.

Société libre des Beaux-Arts

CATALOGUE

DES

OBJETS OFFERTS PAR LES ARTISTES FRANCAIS

POUR LA LOTERIE

EN FAVEUR DES INONDÉS DU MIDI.

PEINTURE.

ALIGNY, 11, *rue de la Tour-d'Auvergne.*

1. Vue de l'entrée du couvent de Santo-Benedetto, à Subiaco (environs de Rome).

ANONYME (Mme ***), *Boulevard de la Reine, à Versailles.*

2. Tête d'enfant, peinture sur porcelaine.

ANTHOUARD (Mme la comtesse d'), *Quai Malaquais.*

3. Vue prise au parc de Monceaux en 1828, sépia.

BALTARD père, 19, *rue des Petits-Augustins.*

4. Vue de la villa Borghèse, dessin.

BAUDOUX (Xavier),

5. Un Ecossais, étude.

BAYOT.

6. Femmes algériennes, aquarelle.

* BEAUME (Joseph), 10, *rue d'Enghein.*

7. Le petit chaperon rouge, aquarelle.

BELLANGÉ (H.), *Conservateur du Musée de Rouen.*

8. Le fermier et la fermière, costumes de Normandie, aquarelle.

* Belloc, *Rue de l'École-de-Médecine, à l'École royale gratuite de Dessin.*

9. Tête d'étude.

Belloc (Mlle).

10. Tête d'étude, d'après Ferdinand Bol.

Bérat (E.), *à Rouen.*

11. Scène de cabaret, aquarelle.

Bermond de la Combe (J.), 6, *rue Royale, à Versailles.*

12. Paysage.

Berville (J.), 29, *rue de la Chaussée-d'Antin.*

13. Vue de Montmartre, étude par Enfantin.
14. Étude, par J. Coignet.
15. Éducation du chien, dessin au crayon, par Gué.
16. La loge d'avant-scène, par Trémolen, croquis.
17. La romance, par Davies, aquarelle.
18. La Ravine, par Boyenval, dessin.

Bez (de), 40, *rue Saint-Lazare,*

19 Vue prise au Vigan (Gard), aquarelle.

Bidault, membre de l'Institut, 52, *rue de l'Arbre-Sec.*

20. Vue du château de Clisson avant les guerres de la Vendée, sépia.

Billard, 15, *rue Neuve-de-Ménilmontant.*

21. Groupe de fleurs, peinture sur verre.
22. Un oiseau.   id.
23. Un sujet,   id.
24.   id.   id.

* Blondel, membre de l'Institut, 29, *rue des Petits-Augustins.*

25. Un groupe, dessin sur papier de couleur.

Boisricheux (de), 20, *rue Saint-Louis, à Versailles.*

26. L'avare, esquisse peinte.

* Boisselier, *à Versailles*, 20, *rue de la Chancellerie.*

27. Vue d'une ancienne porte, à Amiens.

* Bordier du Bignon, 13, *rue de Grammont.*

28. OEdipe exilé. OEdipe aveugle, proscrit, exilé, est assailli par une affreuse tempête; il cherche à

abriter avec son manteau sa fille Antigone, qui .
seule de sa famille, ne l'a pas abandonné dans
ses malheurs.

BOURGEOIS (Constant).

29. Le belvéder, à Morfontaine, sépia.
30. Vue du Prato Vecchio, à Gênes, id.
31. Miglia de Pellago nel Casentino, en Toscane, id.
32. Village de Fervir, sur le Rhône, près Saint-Val-
lier, id.
33. Vue prise à Chamaillère, près Clermont (Auvergne), sepia.
34. Vue prise à Chiavari, côtes de Gênes, id.
35. Grotte de Saint-François, à l'Avernia, près Florence, id.
36. Vue de Montellimart, en Dauphiné, id.
37. Vue d'un monastère sur les hauteurs de Gênes, id.
38. Vue du château d'Isola di Laura, royaume de Naples, id.
39. Vue de Vicence, en Dauphiné, id.
40. Château de Sisteron, sur la Durance, id.
41. Vue du temple de Pœstum, id.

BRIOUX (Mme R.), 18, *rue de Chabrol.*

42. Paysage, composition.

BROCHANT DE VILLIERS (Hippolyte),
rue Saint-Dominique-Saint-Germain.

43. Vue des côtes de Dieppe, tableau, par de Cypierre.

* BUFFET (François), 18, *rue Michel-le-Comte.*

44. Un vieillard, étude d'après nature, dessin.

CAIGNY (Mme Julie de),
22, *rue des Lavandières-Sainte-Opportune.*

45. Paysage.

CARBILLET (S.), 15, *quai Jemmapes.*

46. Tête d'étude.

* CARPENTIER (Paul), 10, *rue de Lancry.*

47. Le Rhône furieux renverse tout sur son passage,
esquisse sur papier de couleur.

CERVEAU (L.)

48. Vue du cloître de Sainte-Croix et de la chapelle
des Pazzi, à Florence.

    * CHAMPIN, 30, *rue Neuve-Saint-Roch.*

49. Environs de Fontanat (Puy-de-Dôme), aquarelle.

    * CHASSELAT (Ch.), 3, *rue de l'Abbaye.*

50. Costume des Grecs arnautes, croquis d'après nature.

             CHAZAL (A.)

51. Fleurs, aquarelle.

    * CIBOT, 8 *ter*, *rue de Furstemberg.*

52. Copie de la Flora du Titien qui existe à Florence dans la galerie des offices.

    CLINCHAMP (de), 10, *rue des Jeûneurs.*

53. Une marine.

          COGNIET (Léon.)

54. Félice Notte, dessin à la mine de plomb.

       COGNIET (Mlle Amélie.)

55. La petite paresseuse, tête d'étude.

         CONIL (Mme.)

56. Clair de lune, aquarelle.

    * DEDREUX-DORCY, 9, *rue Taitbout.*

57. Tête d'homme, étude.

    * DEJUINNE, 18, *rue des Grands-Augustins.*

58. Une sainte famille, esquisse peinte.

    DELAPORTE-BESSIN (Mme), 48, *rue de Seine.*

59. Roses à cent feuilles, aquarelle.

    * DELAVAL, 16, *rue de Courcelles.*

60. Femme de Chio, étude.

    DELAVAL (Mlle), 26, *grande rue Verte.*

61. Derniers moments du général Foy.

    * DÉLIONS (A.), *à Melun.*

62. Paysage.

    DELORME, 6, *rue des Filles-du-Calvaire.*

63. Sainte Madeleine en prière au tombeau du Christ.

    DELSOL, 86, *rue du Bac.*

64. Vue du moulin de Rochapt (Seine-et-Oise).

    DE POMMAYRAC, 51, *rue Saint-Lazare.*

65. La piazzetta à Venise, aquarelle.

DESFORGES.

66. Paysage à la mine de plomb.

DESMALTER (Jacob.)

67, 68. Deux dessins de J.-B. Maréchal, réunis dans
le même passepartout.

DEVIN.

69. Paysage, aquarelle.

DEVOSGE (Mlle Eugénie), 8, *rue Mademoiselle, à Versailles.*

70. Paysage, soleil couchant.

DIEN fils, 1, *rue Taranne.*

71. Le modèle à barbe.

DORSCHWILLERS.

72. Paysage, aquarelle.

* DREUILLE, 17, *rue Grange-Batelière.*

73. La bonne nouvelle.

* DROLLING, 13, *rue de Sèvres.*

74. Tête d'étude.

* DUBOULOZ, 25, *rue Sainte-Croix-de-la-Bretonnerie.*

75. Le Christ au jardin des Oliviers, esquisse.

DÉCRET (Mlle E.), 11, *rue de Bagneux, faubourg
Saint-Germain.*

76. Jeunes paysans de basse Normandie (canton de
Sainte-Mère-Église, Manche).

* DUPLAT, 35, *rue Saint-André-des-Arts.*

77. Vue de Clisson, aquarelle.

DUPRAT (Mlle Sophie), 7, *rue du Cloître-Saint-
Benoît.*

78. Portrait de Velasquez, miniature.

DURAND (André), 9, *rue Fontaine-Saint-Georges.*

79. Effet de neige, dessin sur papier bleu.

* DURAND (Hippolyte), 9, *rue Fontaine-Saint-
Georges.*

80. Intérieur d'une ferme.

DUSAULCHOY (C.), *rue des Moulins.*

81. Marchand d'esclaves.

Duval (V.), 74, *rue de Vaugirard.*

82. Etude peinte.

Fauchery (A.)

83. La leçon de musique, d'après A. Devéria.

Filon (Mme Théodorine), 6, *rue de l'Éperon.*

84. Paysage, coucher de soleil.

Finart, 16, *rue de la Paix.*

85. Paysannes, aquarelle.

Flandrin (Hippolyte), 14, *rue de l'Abbaye.*

86. Le Dante, conduit par Virgile, offre des consola-
lations aux âmes des envieux.

Flandrin (Paul), 14, *rue de l'Abbaye.*

87. Un paysage.

Fontallard (Camille) *passage et impasse Sandrié.*

88. Une figure à l'aquarelle.

Gallait (Louis), 28, *rue de Bréda, avenue Frochot.*

89. Scène d'inondation, dessin aux trois crayons.

Gauthier (Mme Jenny), 57, *rue Notre-Dame-des-
Champs.*

90. Fleurs, aquarelle.

* Gélibert (Paul), fondateur du Musée pyrénéen,
à Bagnères de Bigorre.

91 Les brebis au pacage.

Germain (P. S.)

92. Femme de Cornouailles en prière.

Gilbert de Brest.

93. La frégate la *Thétis*, démâtée de son grand mât
de hune par un coup de vent, étant sur le point
d'engager, fait monter une partie de son équi-
page dans les haubans de misaine pour donner
prise au vent et déterminer l'arrivée. Un gabier
monte sur les barres pour couper le petit mât
de perroquet qui compromettait le reste de la
mâture, dessin.

Giroux (André), 40, *rue d'Enfer.*

94. Un paysage.

* **Gorbitz**, 84, *rue de l'Université.*

95. Vue prise dans le golfe d'Hardanger en Norwége.

Grandjean, 15, *rue l'Évêque.*

96. Vue prise à Volterra, en Toscane.

Guynemer (Auguste).

97. La mort du duc de Guise, d'après P. Delaroche, dessin.

Herbelin (Mme, née Habert). 2, *rue des Vieilles-Haudriettes.*

98. Portrait de Philippe IV, d'après Velasquez, miniature.

Herson, 24, *rue de Paradis-Poissonnière.*

99. Place des escaliers de la grotte à Arles, sépia.

Hue (A.), *rue de l'Orangerie, à Versailles.*

100. Paysage.

Jacquet de Valmont (Mme), 40, *rue des Petits-Augustins.*

101. Copie, d'après Ricois.

Jassaud (le baron de), 1, *rue de la Ferme des-Mathurins.*

102. La patience, aquarelle.

Jaunez (Mlle Lina), *rue Basse-du-Rempart.*

103. Vue de Provins ; à droite, au fond, l'on voit les restes du château des comtes de Champagne. Thibault IV y forma la première académie.

Jazet (Alexandre), 7, *rue de Lancry.*

104. Un dessin, aquarelle.

Jousselin (A^me.)

105. Copie d'un tableau de Ruisdaël, de la collection du Musée royal.

Lagarrigue.

106. Intérieur d'écurie.

Lallemand-Lecorbeiller (Mme), 5, *rue Saint-Landry* (Cité).

107. Fleurs à l'aquarelle.

Laloux (Mlle), 11, *rue Saint-Pierre, à Versailles.*

108. Jeune fille avec un chien, pastel.

LAMBINET (Emile), 2, *rue de la Cathédrale,
à Versailles.*

109. Vue prise à Senlis (Seine-et-Oise).

LATIL, 23, *quai Napoléon.*

110. Madeleine dans le désert.
111. Un paysage.

LAVERGNE (Mme),

112. Vase de roses, aquarelle.

LAVRY.

113. Un dessin, aquarelle, par M. Mansson.

* LECERF, 11, *quai d'Anjou* (île Saint-Louis).

114. Intérieur d'église.

LECURIEUX, 11, *rue Vanneau.*

115. Entrée des Jacobins, rue Saint-Jacques.

LEFÈVRE, 39, *rue Hauteville.*

116. Vue de Chenonceaux, aquarelle.

LEFRANC (V^{or}), 26 *bis*, *rue Vanneau.*

117. Vue prise dans la vallée de Dampierre.

* LELOIR (A.), 9, *rue de l'Est.*

118. Le denier de la veuve.

LEMIRE (Mme, née Navarre), 21, *rue Saint-Lazare.*

119. Fleurs, aquarelle.

* LEQUEUX, 1, *rue Cassette.*

120. Vue de Fourvière, à Lyon, sépia.

LEREBOURS (Noël).

121. Martin-Pêcheur, dessin d'histoire naturelle.

L'HUILLIER, 28, *quai Pelletier.*

122. Vue de Saint-Maclou, à Pontoise, sépia.

LOGEROT (Mme Louise), 32, *rue de l'Ouest.*

123. Fleurs, aquarelle.

LOGEROT (Mlle Pauline).

124. Jeune fille dans un paysage.

LOUSTAU (Mme Joséphine).

125. Tête d'étude.

LUCY DE BEAUREPAIRE (Mme), 21, *rue de Cléry*.

126. Fleurs, aquarelle.

LUNA (Ch. de), 25, *Champs-Élysées*.

127. Carabinier à cheval, aquarelle.

MAILAND, 10, *rue de Seine*.

128. Place d'un village bernois.

* MAILLOT, *au Musée royal*.

129. La Vierge au silence, copie.

* MALPIÈCE, 6, *rue Mondovi*.

130. Ruines antiques, dessin à la plume et à la sépia.

MARCHAND, *Impasse des Feuillantines*.

131. Fleurs, aquarelle.

MARCHAND (Mme), *Impasse des Feuillantines*.

132. Paysage à la mine de plomb.

MARESCHAL (Mme Olympe), *rue de Seine*.

133. Un bouquet de fleurs, aquarelle.

MARGRY.

134. Groupe de fruits.

MARTIN (Carl).

135. Dessin au pastel.

* MILON (A. P.), 45, *rue de Sèvres*.

136. Vue prise à Morlaix (Finistère).

MOREL FATIO, 7, *rue Neuve-Saint-Georges*.

137. Une marine.

NANCY (Mme).

138. Copie d'après madame Haudebourt.

NORBLIN, 11, *quai Bourbon*.

139. Erigone.

NOUSVEAUX, 32, *rue Bleue*.

140. Souvenir de Bretagne, paysage, aquarelle.

OLLIVIER (E.), 39, *rue des Fossés-M.-le-Prince*.

141. Vue de Montmartre, aquarelle.

* OUVRIÉ (Justin), 12, *rue Lavoisier*.

142. Vue de Villeneuve-Saint-Georges, aquarelle.

* PERIGNON, 7, *rue de Bruyère.*

143. L'usurier.

* PERNOT, 343, *rue St-Honoré.*

144. Un torrent dans une vallée sauvage de la Forêt
      Noire. Dessin lavis d'après des études faites
      dans le grand duché de Bade.

PERRIN (Alph.),

145. Vue du palais de la reine Jeanne, à Naples, aqua-
      relle.

PETIT (R.).

146. Eglise d'Avon, près Fontainebleau, aquarelle.

PILON (Mlle Agathe), élève de Vandael,
      28, *place Dauphine.*

147. Tableau de fleurs.

PINEL (Ed.), 9, *rue du Coq-St-Honoré,* chez
      M. Thénot.

148. Une marine.

POTTIER (Henri), 16, *rue Madame.*

149. Vue des rochers Adra (Normandie).

POURCHET.

150. Paysage, aquarelle.

POURMARIN (Mme), 121, *rue St-Jacques.*

151. Elisabeth. Le missionnaire détache de dessus sa
      poitrine un petit crucifix, et, le présentant à
      Elisabeth, il lui dit d'une voix affaiblie : Prends
      ceci, ma fille, c'est le seul bien que j'aie pos-
      sédé sur la terre ; avec lui je n'ai manqué de
      rien.

                              (Mme Cottin).

PRIEUR, *rue des Petites-Écuries.*

152. Les ruines, site d'Italie.

PRUNET, de Tarbes.

153. Vue de la butte de Trésor, aux Eaux-Bonnes
      (Basses-Pyrénées).

TANERA (Mlle Pauline).

154. Une vierge, dessin au crayon.

RAVERAT.

155. Tête d'ange, étude.

REMOND (Charles), 14, *rue de Seine-Saint-Germain.*

156 Vue prise à Fiétri, près Naples, sépia.

RIBAULT (Mlle J.), 1, *rue Bourbon-le-Château.*

157. Une villageoise convalescente reposant sa tête
    sur les genoux de son fils, aquarelle.

ROEHN (Adolphe), 15, *quai Voltaire.*

158. Une baigneuse.

ROULLIET (Amaranthe), 10, *rue Lafayette.*

159. Paysage à la mine de plomb.

SEBRON (H^{te}), 40, *rue St-Lazare.*

160. Vue de Venise, aquarelle.
    * SOYER, 21, *rue des Trois-Bornes.*

161. Une chasse au lion.

THIERRÉE (E), 34, *rue du Four-St-Germain.*

162. Vue de l'embouchure de la Seine, près de Hon-
    fleur (Calvados).

TINGRY.

163. Aquarelle par Nousveaux.

TOURNANT (Alcine).

164. Vue du pont de Corbeil, aquarelle.

* TURENNE, 18, *rue Royale-Saint-Honoré.*

165. Paysage.

TURPIN DE CRISSÉ (le comte), 5, *rue Tronchet.*

166. Etude de rochers, faite à Final, près Gênes.

VANDEN BERGHE (Auguste), 46, *rue de l'Arbre-Sec.*

167. Les moines.

* VANDER-BURCH (Hippolyte), 29, *avenue de la Santé,*
    au Petit-Montrouge.

168. Le phare de Livourne.

* VAUCHELET, 19, *rue Charlot.*

169. La Tragédie, esquisse d'un des huit panneaux
    exécutés dans l'une des salles de réception de
    l'hôtel de ville de Paris.

Viardot (Léon),

170. Un dessin à la mine de plomb.

Viel,

171. Vue d'Italie, sépia.

Vivenel,

172. Paysage, aquarelle, par Renoux.

SCULPTURE.

Bay (Jean de), 41, *rue Notre-Dame-des-Champs.*

173. Un enfant jongleur, plâtre.

Dantan jeune, 40, *rue Saint-Lazare.*

174. Statuette de Liszt, pianiste.

* Delafontaine, *rue de l'Abbaye,
faubourg Saint-Germain.*

175. Petite statue, en bronze, de Napoléon, époque
du couronnement; modèle sculpté en 1806, par
Dumont père.
176. Deux coupes d'Agate montées en bronze doré
avec socle en marbre jaune de Sienne,

* Desboeufs, 18, *rue de la Rochefoucault.*

177. Un enfant et un chien, groupe en plâtre.

Durand, *voyez* Richard.
Eck, *voyez* Richard.
* Elshoecht, 16, *rue de l'Ouest.*

178. Statuette de Napoléon.
179.   id.   de Thérèse Elssler.
180.   id.   de Mme Assandri.
181.   id.   d'un capitaine spahis.
182.   id.   d'un médecin du Caire.
183.   id.   de Mlle Rabut.
184. Faust et Marguerite, bustes.

Etex, 48, *rue de l'Ouest.*

185. Les naufragés de la Méduse, bas-relief.

* Gatteaux, 35, *rue de Lille.*

186. Un cadre renfermant dix-sept clichés de mé-
dailles.

Merlieux (Parfait),

187. Le maréchal Fabert, statuette.

Richard, Eck et Durand, *rue des Trois-Bornes*

188. Masque de Voltaire, par David; bronze tiré du
    fronton du Panthéon.
189. Masque du général Bonaparte, par David; bronze
    tiré du fronton du Panthéon.
    Vittoz, 10, *rue des Filles-du-Calvaire.*
190. Callot. Petite statue en bronze, reproduite par le
    procédé galvano-plastique.

ARCHITECTURE.

Carrilian-Goeury et Dalmont, libraires,
    39 *et* 41, *quai des Augustins.*

191. Le Laurentin; maison de campagne de Pline le
    jeune, par Haudebourt, architecte.
192. Marché des Blancs-Manteaux, par P. J. Deles-
    pine , architecte.

 * Coussin, 42, *rue du Faubourg-Saint-Denis.*

193. Le génie de l'architecture, 1 vol. in-4°.

 * Hittorff et Zanth, 40, *rue Coquenard.*

194. Architecture moderne de la Sicile, 1 vol. grand
    in-folio, relié.

 * Lenoir (Albert), 32, *rue des Petits-Augustins.*

195. Atlas des œuvres complètes de Rollin, avec texte
    explicatif, 1 vol. in-4°.

 * Lusson, 13, *rue des Saints-Pères.*

196. Projets de fontaines pour Paris.
197. Projet de réunion du Louvre aux Tuileries.
198. Projet d'un collége pour trois mille élèves.

 * Mallay, à Clermont.

199. Dessin du reliquaire byzantin de Mauzac.

 * Normand aîné, 38, *rue St-Jacques.*

200. Arc de triomphe des Tuileries , 1 vol.
201. Monuments funéraires des cimetières de Paris ,
    première partie, 1 vol.

202. Paris moderne, ou choix de maisons construites dans la capitale et dans les environs, première partie, 1 vol.

* Pensée (Ch.), à Orléans.

203. Monuments anciens et modernes de Jeanne d'Arc, 1 vol. grand in-4°.

* Rohaut (Charles). 18, *rue Matignon.*

204, 205, 206 207. Musée d'histoire naturelle, 4 exemplaires.

* Toussaint, 228, *rue St-Martin.*

208 Le Mémento des architectes, 7 vol. in 8°.

* Zanth, *voyez* Hittorff.

GRAVURE.

* Allais, 155, *rue de Sèvres.*

209. Phrosine et Mélidore, d'après Rioult, gravure au burin,

210. Halte de chasse, d'après Duval Lecamus (manière noire).

211. Le médecin bienfaisant, d'après le même (manière noire).

Amis des arts (Société des).

212. Louis XIV bénissant Louis XV, d'après Mme Hersent.

213. L'horoscope de Sixte-Quint, d'après Schnetz.

214. La nymphe, d'après Lancrenon.

215. La famille indigente, d'après Prud'hon.

216. Les adieux au monde, d'après Mme Haudebourt.

217. Le zéphir, d'après Prud'hon.

218. Vœu à la Madone, d'après Schnetz.

219. Properzia de Rossi sculptant son dernier ouvrage, d'après Ducis.

220. Le lévite d'Ephraïm, d'après Couder.

221. La mort de Rolland, d'après Michallon.

222. Psyché, lithographie d'après Fragonard.

223. La maladie de Las Cazas, d'après Hersent.

224. S. A. R. Mme la duchesse de Berri, d'après Gérard.

225. La marée d'équinoxe, d'après Roqueplan.

226. La mort de Sapho, d'après Gros.
227. L'enlèvement de Psyché, d'après Prud'hon.
228. Henri IV, Sully et Gabrielle, d'après Gérard.
229. La leçon d'Henri IV.
230. La Vierge, sainte Anne et l'Enfant-Dieu, d'après Léonard de Vinci.
231. La dame de charité, d'après Mme Haudebourt.
232. L'Arioste, d'après Mauzaisse.
233. Orphée et Eurydice, d'après Drolling.
234. Le Tasse à St-Onoforio, d'après Robert Fleury.
235. Rebecca enlevée par le Templier, d'après L. Coignet.
236. Corinne, d'après Gérard.
237. Religieux rançonnés, d'après Robert Fleury.

ANDREW, BEST ET LELOIR, 24, *rue des Grands-Augustins.*

238. Epîtres et évangiles des dimanches et des fêtes de l'année, 1 vol. relié.

* **BEIN**, 20, *rue de l'Ouest,*

239. Une nymphe, d'après Lancrenon.
240. Entrée des Français dans Vienne, d'après Girodet, et deux autres gravures, d'après Bouchot et Steuben, tirées également du musée de Versailles.

BLANCHARD père, 7, *quai des Grands-Augustins.*

241. Eau-forte de l'enlèvement des Sabines.
242. Id. de l'entrée d'Henri IV.
243. Sainte famille, d'après Battoni.

BLANCHARD fils aîné, 7, *quai des Grands-Augustins*

244. Spartacus, d'après le Dominiquin.
BOURGEOIS (Constant).
245. Description des nouveaux jardins de la France et des anciens châteaux, etc., 16 livraisons.

CARILIAN-GOEURY et **DALMONT**.

246. Souvenir du musée des monuments français, par J. E. Biet.

* **CARPENTIER** (Paul), 10, *rue de Lancry.*

247. Le stratagème de Vénus, gravé par Gelée.

CHARDON jeune et **GIRAUDET**. 7, *rue Racine.*

248. La jolie fille de Perthes chez Henri Smith.

249. Effie et Jenny dans la prison d'Edimbourg.
L'orage pendant la moisson.

CHAVANT, 19, *rue de Cléry.*

251. Encyclopédie universelle d'ornement.
252. Album du cachemirier.
253. Souvenir de l'exposition des produits de l'indu-
strie française de 1839.
254. Alphabet de Flore, 1 vol. in-4°.

* CHERRIER, 12, *rue du Pot-de-Fer-Saint-Sulpice.*

255. Un cadre de gravures sur bois.

CHOCARNE, 6, *rue de l'Ouest.*

256. Etude d'arbres, d'après Claude Lorrain (Cette
gravure fait partie de la galerie nationale de
Londres).

DECAISNE, 5 *bis, rue de là Rochefoucauld.*

257. La Charité, gravure à la manière noire.

DEDAUX, 16, *rue Dauphine.*

258. Chambre de Marie de Médicis au palais du
Luxembourg, ou recueil des arabesques, peintures et ornements qui la décorent, 1 vol. composé de 34 planches avec texte.

DELARUE (Victor), 10, *place du Louvre.*

259. Donnez à manger à ceux qui ont faim, gravure à
la manière noire, d'après Schoppin.

DELAUNAY, directeur du journal l'*Artiste*, 47 *rue
du Four-Saint-Germain.*

260. Série complète des gravures du journal l'*Artiste*
261. Idem.

DESNOYERS (le baron Boucher), 9, *rue de Tournon.*

262. Recueil d'estampes gravées d'après des peintures
antiques, etc., 1 vol. grand in-folio.

* DIEN, 1, *rue Taranne.*

263. La bataille d'Austerlitz, épreuve avant la lettre
et sur papier de Chine.

* DORMIER, 127, *place Saint-Michel.*

264. Intérieur d'une église grecque en Morée.

Dubufe, 76, *rue Montmartre*.

265. Don Juan, gravure à la manière noire.

Dubufe (Edouard), 76, *rue Montmartre*.

266. Le miracle des roses, épisode de la vie de sainte
Elisabeth de Hongrie, lithographie.

* **Duplat**, 35, *rue Saint-André-des-Arts*.

267. Vues pittoresques prises dans les comtés du Per-
che et d'Alençon, 9 livraisons.

Dupont (Henriquel), *boulevard du Temple*.

268. Lord Strafford, d'après Paul Delaroche.

* **Felsing**, *à Darmstadt*.

269. Sainte Geneviève.

Ferroggio.

270. Frontispice de bible, gravure sur bois.

* **Forster**, 5, *rue Saint-Dominique-d'Enfer*.

271. La Vierge de la maison d'Orléans, épreuve avant
la lettre.

* **Franck** (Philippe), 12, *rue de l'Est*.

272. La Vierge au linge, lithographie, épreuve sur
papier de Chine.

* **Fremy**, 17, *quai des Augustins*.

273, 274, 275, 276. Statues du pont Louis XVI, 4 brochures in-8°.

Gache, 58, *rue de la Chaussée-d'Antin*.

277. Le Prophète Daniel, gravure à la manière noire,
ép. sur papier de Chine.

* **Gelée**, 48, *rue de Paris, à Belleville*.

278. Stratagème de Vénus, d'après P. Carpentier.

Girardet.

279. Les Batailles d'Alexandre, d'après Le Brun, cinq
lithographies.

Goupil, 15, *boulevard Montmartre*.

280. Accompagnement au drame de Wallenstein, par
Schiller, ouvrage lithographié.

***Goyet** (Jean-Baptiste), 27, *rue de la Chaussée-d'Antin*.

281, 282, 283. La Lecture du testament, gravure à la
manière noire.

284, 285, 286. Le Mariage de raison.

HAUSER, 11, *Boulevard des Italiens.*

287. La Vierge au bas-relief, par Forster.

* JAZET père, 7, *rue de Lancry.*

288. Le combat de Nazareth, d'après Gros.

JEANNIN, 20, *place du Louvre.*

289. Jésus-Christ et la femme adultère, lithographie par Léon Noël.

LAUGIER, à *Cormeil en Parisis.*

290. Bonaparte visitant l'hôpital de Jaffa, épreuve sur chine, avant toute lettre.

LAURENT (H.), 20, *rue Neuve-des-Mathurins.*

291 à 296. Portrait du Poussin, 6 épreuves (premières épreuves après la lettre.)

* LECERF, 11, *quai d'Anjou, île Saint-Louis.*

297. Tête de Christ, lithographiée d'après Ph. de Champagne, épreuve sur papier de Chine.

LECOMTE (N.), 47, *quai de l'Horloge.*

298. Sixte-Quint, d'après Schnetz.
299. Caius Marius, d'après Drouais.
300. Portrait de Chateaubriand.
301. Vignette d'après Marekl.

* LEISNIER, 277, *rue Saint-Jacques.*

302. Portrait de Marc-Antoine, ép. sur papier de Chine.

* LEMAITRE, 63, *quai de l'Horloge.*

303, 304. Paysage d'après M. Turpin de Crissé, 2 ép.

* LEROUX, 1, *place de l'Estrapade.*

305. La Vierge à l'étoile, ép. sur papier de Chine.

* LORICHON, 17, *boulevard du Temple.*

306. Ecce homo, d'après Titien, ép. sur papier de Chine.

MARCHAND, *impasse des Feuillantines.*

307. Napoléon le Grand.
308. Un cheval d'après Carle Vernet.

MASSARD (R. Urbain), *rue de Tournon.*

309. Les Sabines, épreuve avant la lettre.

MÉRY (Emmanuel de).

310. Le royal musée Bourbon de Naples, première livraison,
311. L'Abeille italienne, première livraison.

MIGNERET (Mme V^e), 4, *rue Grange-aux-Belles.*

312. Molière consultant sa servante.
313. Molière mourant.

* **MIRAULT**, 17, *rue du Faubourg Poissonnière*

314. Galerie de Lesueur, 1 vol. petit in-4°.

MOZIN (Ch.).

315. Croquis de marine dessinés d'après nature et lithographiés par Ch. Mozin, 1 vol.

* **MULLER**, 21 *rue de Tournon.*

316. Le sommeil d'Endymion, d'après Langlois, ép. avant la lettre.
317, 318. Petit saint Jean, d'après Luini, 2 épreuves sur papier de Chine.

NARGEOT, 61, *rue Meslay.*

319. Marie-Antoinette, reine de France, et ses enfants, d'après Mme Lebrun.

NOEL (A).

320. Souvenirs pittoresques de la Touraine, 1 vol. grand in-4°.

PFILZER (J. B), 7, *rue de Vaugirard.*

321. Naissance de Henri IV, ép. sur papier de Chine.
322. Entrée de Henri IV,　id,　　id.
323, 324, 325, 826. Hommage au comte de Paris.

* **PIGALLE**, 31, *faubourg Montmartre.*

327. Choix de vases antiques grecs, romains, de la renaissance, etc., par Pecheux.

PRADIER (T.-S),　, *rue de Fréjus.*

328. Raphaël et la Fornarina, d'après Ingres; épreuve lettres grises.

PRUDHOMME.

329. Les Enfants d'Edouard.

* **RANSONNETTE**, 5 *rue du Figuier-Saint-Paul.*

330. Louis VII en Syrie, paysage historique, d'après
     Boisselier.

RICHOMME (Ch.), membre de l'Institut, 11, *rue de
     Savoie.*

331. Henri IV et ses enfants; épreuve sur papier fran-
     çais, imitant celui de Chine.

ROLLET (Lucien), 12, *rue de Vendôme.*

332, 333, 334. Trois gravures, ép. avant la lettre. (1)

RUHIÈRE, 12, *rue du Cimetière-Saint-André-des-Arts.*

335. Portrait du docteur Gall (manière noire).
336. Le Tasse arrivant à Rome (grav. en taille douce).

* **SAUVÉ** (T.), 20, *Grand'rue, aux Batignolles.*

337. Têtes d'étude d'après Raphaël, calquées et des-
     sinées à Rome d'après les fresques du Vatican.

SCHEFFER (H.)

338. Charlotte Corday, gravé par Sixdeniers.

SINNESTS, 15, *grande rue Verte.*

339. Charlemagne et Hildegarde, d'après Schoppin.

SIXDENIERS, 3, *rue Racine.*

340. Le virtuose champêtre (manière noire), épreuve
     avant la lettre.
341. Barque attaquée pas des ours. Id.   Id.
342. Charlotte Corday.   Id.   Id.

TARDIEU (Alex.), membre de l'Institut, 7, *rue Taranne.*

343. Ruth et Booz. Ancien Testament, livre 2, para-
     graphe XXII. (D'après Hersent).

TESSARI et Ce, 55, *quai des Grands-Augustins.*

344. Le Christ aux anges, d'après Lebrun; épreuve
     sur papier de Chine.
345. Le Christ portant la croix, d'après Raphaël;
     épreuve sur papier de Chine.

THIOLLET, 3, *place Saint-Thomas-d'Aquin,* au dépôt
     central de l'artillerie.

346. Modèles de dessin au trait pour les écoles élémen-
     taires, 100 planches in-folio.

____

(1) Voir à la fin, *Corrections et additions.*

347. Antiquités, monuments et vues pittoresques du
haut Poitou; in-folio.

TUDOT (E.), *à Moulins* (Allier).

348. Eléments de dessin industriel, un vol. de texte
et un Atlas.

VILLEREY.

349. Innocence et amour. 2 épreuves.
350. Hymen et bonheur. id.

WINTERHALTER, 15, *rue des Petits-Augustins.*

351. Il Decamerone, gravure à la manière noire.

MUSIQUE.

BUFFET (Baptistin), 28, *quai Pelletier.*

352. Prière des inondés. Paroles de Léonce Lhuillier.

DAUPRAT, membre du Conservatoire de musique et de
déclamation lyrique.

353. O Salutaris, pour ténor, avec accompagnement
obligé de cor et de harpe, deux violons, alto,
violoncelle et contrebasse (autographe).

* DELAIRE (J. A.), 1, *rue de Condé.*

354. L'Orpheline, ballade composée pour la loterie
de la Société libre des Beaux-Arts, en faveur
des inondés du Midi (autographe).

DOURLEN (V.), professeur d'harmonie au conservatoire.

355. Romance. Extrait de l'Opéra de Marini (musique
de V. Dourlen), autographe.

LAMBERT (J.), 12, *rue du Port-Mahon.*

356. Quintette pour piano, deux violons, alto et
basse.

LEBORNE, professeur de composition au conservatoire.

357. Le chemin de la chapelle, chansonnette, paroles et musique de Leborne (autographe).

LELU, 9, *rue des charbonniers-St-Marcel.*

358. Tu reviendras, l'Idaletto, la Fiancée, romances;
paroles et musique de Lelu.

MOZIN (B). *rue Gentilly-St-Marcel.*

359. Souvenir de Trouville. Galop en rondo pour piano, composé et offert à Mlle Alexandra Van-Blaremberghe.

MOZIN (Théodore), professeur au Conservatoire de musique, 12, *rue Gentilly-St-Marcel.*

360. Les soirées de Trouville, 1er recueil de valses brillantes.

361. Soirées de Trouville, 2me recueil de valses brillantes, dédié à Mme la baronne de Mareste.

362, 363. Contredanses suivies d'une valse pour le piano, dédiées à Mme Marie Riecher.

PANSERON, professeur de chant au Conservatoire. 95, *rue de Richelieu.*

364. A B C musical, dédié aux mères de famille, 1 vol. in-4°.

365. Eh! vogue ma nacelle, barcarolle à deux voix (autographe).

PERROTIN, 24, *rue Larochefoucauld.*

366. Orphéon, répertoire de musique vocale, par Wilhem, 3 vol.

367. Manuel de lecture musicale, par le même.

RIGEL (H.), membre de l'Institut d'Egypte, 82, *rue St-Lazare.*

368. Quatre suites de quadrilles brillants pour piano et violon.

369. Un grand quintetto,

ROMAGNESI, 8, *rue de Richelieu.*

370 Romances, chansonnettes et nocturnes, 3 vol.

TASKIN, 39, *rue Bourbon-Villeneuve.*

371. Trois trios pour piano, violon et violoncelle.

372. Air : O ma tendre musette, varié pour piano.

373. Polonaise.

374. Duo pour piano et violon.

375. Thème varié, id.

376. Trois quadrilles de contredanses à 4 mains.

377. Deux quadrilles pour piano seul.

VIEILLARD (J. V.), *à la bibliothèque de l'Arsenal.*

378. La mort de Cléopâtre, cantate à grand orchestre,

musique de E. Prevot, paroles de P. V.
Vieillard (autographe).
379. Sophonisbe, scène lyrique mise en musique par
Leborne, paroles de P. V. Vieillard, id.

ZIMMERMANN.

380. Double canon (autographe).

LITTERATURE.

ANONYME.

381. Essais sur l'histoire de France, par Guizot, 1 vol.
in-8°.

BERANGER (P. J. DE).

382. OEuvres complètes, édition elzévirienne, avec un
autographe de l'auteur.
383. Id.

BIGNAN (A.), 17, *rue de Grammont.*

384, 385, 386. Napoléon en Russie, poëme en six
chants.
387, 388, 389. Essai sur l'influence morale de la poésie.
390, 391, 392. La manie de la politique, comédie en
cinq actes.

BOUCHARLAT (J. L.).

393 à 397. La mort d'Abel, cinq exemplaires, dont
trois reliés.
398 , 399. Le choléra, Monati de Milan, poëme.

CHAVANT, 19, *rue de Cléry.*

400 à 406. La couronne de Flore, volume in-12.

CHEVALLIER (F. F.), docteur en médecine, professeur de botanique.

407. Flore générale des environs de Paris, 3 vol.

CLINCHAMP (DE), *rue des Jeûneurs.*

408. Nouveau traité de la perspective des ombres,
1 vol. in-4°.
409. Nouveau traité de la perspective linéaire, etc.,
1 vol. de texte et 1 vol. de planches in-4°.

COURTIVRON (le vicomte de), officier supérieur.

410. Traité complet de natation, 1 vol. in-8°.

DELAUNAY, directeur du journal l'*Artiste:*

411 à 415. Cinq séries du journal l'*Artiste.*

DESTIGNY, 64, *rue de la Harpe.*

416. Revue poétique du Salon de 1841. Gravures sur papier de chine.

* **DUROZOIR** (Charles), 121, *rue Saint-Jacques.*

417. Histoire romaine de Florus. Traduction nouvelle, accompagnée d'un commentaire et de notes historiques et critiques, par Ch. Du Rozoir, 1 vol. grand in-8°, papier vélin, relié.

418. OEuvres de Salluste, traduction nouvelle, comprenant la guerre de Jugurtha, les fragments de la grande histoire romaine, la conspiration de Catilina et les deux épîtres à César. 2 vol. in-8°, reliés.

DUVAL (Ach.)

419. Un homme de bien. 2 vol.. par Ach. Duval, avocat.

EICHHOFF (F. G.), bibliothécaire de la reine.

420. Parallèle des langues de l'Europe, 1 vol. grand in-4°.

FILON (M. A.), maître de conférences à l'Ecole normale, 8, *rue de l'Éperon.*

421 { Eléments de rhétorique française, 3ᵉ édition, 1 vol. in-12, par M. M.-A. Filon.
Nouvelles narrations françaises, **précédées** d'exercices préparatoires, 3ᵉ édition, 1 vol. in-12, par le même.

FOISSAC (L.), docteur en médecine.

422. De l'influence des climats sur l'homme, 1 vol. in-8°.

GIMET DE JOULAN (J. David).

423. Histoire des Stuarts.

424. Gilbert, drame en cinq actes.

* **HUARD** (de l'île Bourbon), 5, *r. des Grands-Augustins.*

425. Vie complète des peintres espagnols, 2 vol. in-8°.

* **JACQUEMART** (Albert), 23, *rue Saint-Louis.*

426, 427, 428. Flore des dames, botanique à l'usage

des dames et des jeunes personnes, 3 exemplaires reliés.

LADOUCETTE (J. C. F. baron), 5 *rue Saint-Lazare.*

429. Philoclès, imitation de l'Agathon de Wieland, 2 vol.
430. Nouvelles, contes, apologues et mélanges, 3 vol.
431. Le troubadour, ou Guillaume et Marguerite (histoire provençale), 1 vol.
432. Fables, 1 vol.

LEMONNIER (A. H.), *à S.-Prix*, vallée de Montmorency.

433. Souvenirs de l'Italie, 1 vol.
434. Pèlerinage poétique en Suisse et poésies diverses, 1 vol.
435. Mosaïque littéraire, 1 vol.

LEPEINTRE.

436. Quatre mois dans les Pays-Bas, 3 vol.

MERLIEUX (Mme Parfait).

437. La mélancolie, poésie manuscrite et imprimée.

* **MIEL**, 57, *rue Sainte-Avoye.*

438. Essai sur les beaux-arts et en particulier sur le Salon de 1817; exemp. papier vélin relié.

Cet exemplaire est le seul que possède l'auteur; depuis longtemps l'ouvrage ne se trouve plus dans le commerce.

MOLLEVAUT, 99, *rue Saint-Dominique*, faubourg Saint-Germain.

440. Martial.
441. Chants sacrés.
442. Properce.
443. Ovide.
444. Catulle.
445. La postérité, ode.

* **MONTABERT** (de), *à Troyes.*

446. Traité complet de la peinture, 9 vol. in-8° et un atlas in-4°.

PACAULT (Mme Désirée).

447. Inspirations, poésies. 1 vol. in-8°.

PANCKOUKE (C.-L.-F.)

448. La Germanie, traduction de Tacite, par C.-L.-F. Panckouke, 1 vol. in-8°.

449. Satires de Juvénal, trad. de Dusault, 1 vol. in-12.
450. Dialogue du Tasse, 1 vol.
451. Nouvelles choisies de Cervantes, 1 vol.
452. Sentences de Publius Sirus, 1 vol.
453. Histoire Romaine, de Caius Velleius Paterculus, 2 vol.
454. Oberon ou Huon de Bordeaux, poëme de Vieland, 1 vol.
455. Marilié, chants élégiaques de Gonzague, 1 vol.
456. La Germanie, trad. de Tacite, 1 vol. in-12.

* PIGALLE, 31, *faubourg Montmartre.*

457. Recueil de lettres sur la peinture, la sculpture et l'architecture.
458. Etudes des passions appliquées aux beaux-arts, par Delestre, 1 vol.
459. Congrès historique réuni à Paris, années 1838 et 1840.

PONGERVILLE (de), 14, *rue de Bellefonds.*

460. Le Paradis perdu, de Milton, trad. française en regard, 1 vol.

ROGER (baron), 49, *rue du faubourg Poissonnière.*

461. Kélédor, 2 vol. en un.
462. Fables sénégalaises, 1 vol.

ROUX DE ROCHELLE.

463. Etats-Unis d'Amérique, 1 vol.
464. Les Trois Ages, ou les Jeux olympiques, 1 vol.
465. Fernand Cortès, poëme, 1 vol.
466. Histoire du régiment de Champagne, 1 vol.
467. La Byzanciade, poëme, 1 vol.

SALM (Mme la princesse Constance de).

468. Pensées, 1 vol.
469. Ouvrages divers en prose, suivis de **Mes Soixante ans**, 2 vol.
470. Poésies, 2 vol.

TASTU (madame), 22, *rue de Vaugirard.*

471. OEuvres poétiques, précédées d'une pièce autographe inédite.

* VANDER-BURCH, *avenue de la Santé, à Montrouge.*

472 à 477. Essai sur la peinture du paysage, à l'huile. 6 exemplaires.

* VICTOR (Pierre).

478. Coup d'œil sur les antiquités skandinaves.
479. 480. Documents pour servir à l'histoire du
    Théâtre-Français.
481. Les Scandinaves, tragédie en cinq actes.

VILLENAVE père.

482. OEuvres complètes de Virgile, traduction nou-
    velle, 4 vol.

VILLENAVE fils (Th.), 84, *rue de Vaugirard.*

483. { Napoléon, poëme historique en dix chants.
    { Relation des Funérailles de Napoléon.

VOÏARD (Mme Elise), *à Choisy-le-Roy.*

484. Jacques Callot, 1606 à 1637, 2 vol.

Société libre des Beaux-Arts

CATALOGUE

DES

OBJETS OFFERTS PAR LES ARTISTES FRANÇAIS

POUR LA LOTERIE

EN FAVEUR DES INONDÉS DU MIDI.

Iᵉʳ SUPPLÉMENT.

PEINTURE.

Adam (Victor).
485. Un officier d'état-major, esquisse à l'aquarelle.
Andert (Nestor d'), 43, *rue du Four-St.-Germain.*
486. Une châtaigneraie.
   *Aubry, 49, *rue Neuve-des-Petits-Champs.*
486 bis. Une miniature.
   Audry, 56, *rue Rochechouart.*
487. Paysage aquarelle,
   Bayard.
488, 489. Deux épreuves de son procédé photogra-
    phique.
   Berthier.
490. Les mendiants, aquarelle.
   Binant, 7, *rue de Cléry.*
491. Paysage, aquarelle.

492. Lé petit pêcheur à la ligne, aquarelle.
493. Le chantier, aquarelle.

BORGET (Auguste) , 10, *rue Neuve-St-Georges*.
494. Pêcheurs chinois.

BOUQUET (Michel), 29, *rue Tronchet*.
495. Les palmiers, vue prise dans l'Asie Mineure, pastel.

CABAT (L.), 16, *rue de l'Ouest*.
496. Un paysage, aquarelle.

CANON, 2 *bis*, *rue Notre-Dame-des-Champs*.
497. Une scène d'inondation, aquarelle.

CHARDIN, *rue de Navarin*.
497 bis. Un paysage.

CHARLET, 9, *rue Saint-Maur-Saint-Germain*.
498. Deux enfants sur un cheval, aquarelle.

CLERGET, 24, *rue des Bernardins*.
499. Une composition dans le goût oriental, dessin à la plume.

COLLIGNON (Jules), 13, *rue des Petites-Écuries*.
499 bis. Un dessin aquarelle.

CORNU, 11, *passage Sainte-Marie*, *rue du Bac*.
500. Une tête de vieillard.

COUDER (Alexandre), 15, *quai Malaquais*.
501. Paysage.

COURTIN, 7, *quai Saint-Michel*.
502. Paysage.

DAGNAN, 1, *rue Neuve-St.-Georges*.
503. Vue de Dinan, dessin d'après nature (sépia).

DAVID (Jules).
504. Fleurette, dessin sur papier de couleur.

DELANGRE.
505. Vue prise à la ville d'Eu.

DESBAROLLES (Adrien), 118, *rue du Faub. Poissonn*.
506. Une marine.

DOUSSAULT, 15, *quai Saint-Michel.*

507. Trois petits enfants, dessin.

DUPRESSOIS.

508. Une marine.

FERRET, 60, *rue du Four-St.-Germain.*

509. Une baigneuse, esquisse.

FLERS.

509 bis. Vue des environs de la Bouille, aquarelle.

GALOT.

510. Paysage, dessin à la mine de plomb.

GAMEN DUPASQUIER, 8, *rue des Beaux-Arts.*

511. Une odalisque.

GARRAZ.

512. Cloître de Saint-Laurent hors les murs (Rome), aquarelle.

GARRAUD (J.), 30, *rue Madame.*

513, 514. Deux épreuves daguerréotypées de sa Bacchante faisant l'éducation d'un jeune satyre.

GAVET, 27, *quai Napoléon.*

514 bis. Un dessin à la mine de plomb.

GENET (Alexandre), 10, *rue de la Barouillère, faub. Saint-Germain.*

515. Un dessin à la mine de plomb.

GIROUX (Alph. et Ce), *rue du Coq-St-Honoré.*

516. Une aquarelle, par G. Bodinier.

GOBAUT, 19, *rue du Dragon.*

517. Paysage, aquarelle.

GOBLAIN (Mlle Émilie).

518. Une petite paysanne.

* GOSSE, 7, *rue de Lancry.*

519. Saint Vincent de Paule convertissant son maître, esquisse.

GUET (Oscar), 24, *place Vendôme.*

520. Paysanne suisse, aquarelle.

HOSTEIN.

520 bis. Environs du lac de Genève.

HUZARD (Mlle), chez M. Huzard père, trésorier, *aux Quinze-Vingts.*

521. Fleurs, aquarelle.

JUNG (Théodore), 15, *rue de Ponthieu.*

522. Les prisonniers de guerre, aquarelle.

LALAISSE.

523. Officier général sous Louis XV, aquarelle.

LENORMAND.

524. Vue du temple de Vesta, à Rome, aquarelle.

LEPOITEVIN aîné.

525. Un paysage.

MARQUIS (Mme.)

526. Un enfant et son chien, aquarelle.

MASSÉ (L.)

527. Scène d'inondation.

MULLER (Eugène), 9, *rue Childebert.*

528. Scène d'inondation.

PANCKOUKE (Mme Ernestine.)

529. Rose mousseuse, aquarelle.

* PÉRON (Alexandre), 3, *rue de l'Abbaye.*

530. Judas, tête d'étude.

* PIERRON, 123, *rue Saint-Honoré.*

530 bis. Paysage migmatine.

ROLLAND, *rue Saint-Hyacinthe–Saint-Michel.*

531. Un paysage.

SINNEST.

532. Le Christ marchant sur les eaux, esquisse.

* STORELLI, 387, *rue Saint-Honoré.*

532 bis. Paysage, aquarelle.

TAURIN (Mme Léonie), née Mauduit, 15, *rue de la Madeleine.*

533. La veuve de l'inondé, aquarelle.

THIOLLET (Alexandre), au dépôt central de l'artillerie.
534. Un dessin, mine de plomb.

TOURNEMINE (DE), 70, *rue de Bondy.*
535. Marine, aquarelle.

TOURVILLE (fils).
536. Un paysage.

VIGIER, 334, *rue Saint-Honoré.*
537. Un dessin à la mine de plomb.

VIGIER (Mlle C.), 334, *rue Saint-Honoré.*
538. Etude de paysage, site de Normandie.

VIGIER (Mlle L.), 334, *rue Saint-Honoré.*
539. Esquisse à l'huile, d'après le tableau de Charlotte Corday, de Scheffer.

SCULPTURE.

BION.

540. Sainte Catherine de Sienne, statuette.

CORTOT, membre de l'Institut, *au palais de l'Institut.*
541. Une nymphe couchée, esquisse en plâtre.

DAVID (d'Angers.)
542. Esquisse de la statue de Guttemberg, plâtre.

DUSSEIGNEUR (Jehan.)
543. Buste de Victor Hugo.

ETEX, 48, *rue de l'Ouest.*
544. Esquisse du tombeau de Géricault.

LANNO, 70, *rue d'Enfer.*
545. Buste de Fénélon, plâtre.

* MOLCHNEHT, *rue de Courty.*
546. Portrait d'enfant en Amour.

SUSSE, *place de la Bourse.*
546 *bis.* Deux chevaliers combattant, groupe en plâtre.

ARCHITECTURE.

* **Biet**, **Gourlier** et **Grillon**, 6 *rue de Seine.*

547. Choix d'édifices publics, 1 vol. in-folio.

Burnier,

548. Un homographe, instrument délinéateur.

Jarry de Mancy (Mme, née Adèle Lebreton.)

549. Cours de perspective et de dessin, 2 volumes grand in-4°.

Lenoir, 5, *quai Malaquais.*

550. Porte principale du baptistère de Florence, par Lorenzo Ghiberti, 1 vol.

GRAVURE.

Bertonnier, *rue Saint-Jacques.*

551. La Sainte Famille, d'après Raphaël.
552. Il est sauvé, d'après Genod.

Brévière, 12, *rue des Lilas, à Belleville.*

552 bis. Frontispice de la collection orientale, gravure sur bois ; épreuve sur papier de Chine.

Caron (Adolphe), 47, *quai de l'Horloge.*

553. Deux vignettes, épreuves avant la lettre.

Clarac (le comte de), 334, *faubourg St.-Honoré.*

554, 555. Deux épreuves de sa Forêt-Vierge du Brésil.

Clerget, 24, *rue des Bernardins.*

556. Recueil de nouveaux ornements, exemplaire en couleur.
556 bis.   id.   id.,   exemplaire en noir.

Daly (César), directeur de la *Revue de l'architecture et des travaux publics.*

557, 557 bis. Vue intérieure de la cathédrale de Chartres, 2 épreuves.

DESBUISSONS.

558. Carte de Sardaigne.

GALIEN DUPASQUIER, 8, *rue des Beaux-Arts.*

559. La chapelle des Allinges, lithographie.

GARNIER (Hippolyte et C.), *passage des Panoramas.*

560. L'offrande à la Vierge, gravure coloriée.
561. L'enfant du prisonnier,   id.

GAVARD, 4. *rue du Marché-Saint-Honoré.*

562. Galerie Aguado, livraisons 1 à 7 inclusivement.
563. Un exempl., 1ʳᵉ série des Galeries historiques de
      Versailles, relié et doré sur tranches.
564. Galerie des maréchaux de France; 4 exempl.
      reliés et dorés sur tranches.

GIRARD (François), 18, *rue Pavée-St-André-des-Arts.*

565. L'ange Gabriel, d'après P. Delaroche, gravure
      à la manière noire.

LE POITTEVIN (Eugène), 41, *rue du Faubourg-*
      Poisonnière.

565 bis. Embarcation attaquée par des ours.

* MAUDUIT (Ch.), 60, *rue du Faubourg-du-Temple.*

566. Trois vignettes, épreuves avant la lettre.
567.   id.   d.

PÉRIGNON (A. N.), 241, *rue Saint-Honoré*
      (place du Palais-Royal.)

568, 569. Son tableau du Tasse gravé par Ruhierre,
      deux épreuves.

PRÉVOST, 13, *quai d'Anjou.*

570. Les Moissonneurs, d'après L. Robert, épreuve
      avant la lettre.
571. Saint Luc, épreuve avant la lettre.
572. Saint François, d'après Corrège, épreuve avant
      la lettre.

* TEXIER, (Victor), 348, *rue Saint-Honoré.*

573. Album religieux, 1 vol. oblong relié.

TRIMOLET, 22, *rue des Amandiers-Popincourt.*

573 bis. Une gravure, épreuve sur papier de Chine.

Vallot,   , *rue de Madame.*

574. Bonaparte aux Pyramides , épreuve avant la lettre.

MUSIQUE.

Berton (le chevalier H. M.), membre de l'Institut, officier de la Légion d'honneur , etc., 40 , *rue Richer.*

575. { Hommage aux mânes de Mozart. / Epître en vers à Boyeldieu. / Romance à trois notes. } Autographe.

* Bienaimé, ex-maître de chapelle de l'église métropolitaine de Paris , professeur d'harmonie au conservatoire de musique, etc., 20, *rue Dauphine.*

576. La marguerite, récréation musicale, thème · Que ne suis-je la fougère ; arrangé et varié pour trois voix (autographe).

576 bis. La clochette, canon à trois voix égales (aut.).

* Delafage (Adrien), 8, *rue Rochechouart.*

577. *Ave verum*, motet à voix seule avec accompagnement d'orgue (inédit et autographe).

577 bis. Il pappagallo, rondoletto a voce sola di tenore o soprano con accompagnamento di piano forte (originale inedito).

* Deldevez (Ernest), 120, *rue du Faub. St.-Martin.*

577 ter. Recueil relié de six morceaux de chant.

Nicolo (Mlle N.)

578. Mélodie, paroles de M. Dennery.

Ruis (Antonio, de Tortosa.)

578 bis. Deux à deux, nocturne à deux voix.

Vogt (Gustave), premier hautbois de la musique du Roi, professeur au Conservatoire, et chevalier de la Légion d'honneur, 40, *rue des Martyrs.*

579. Prière, pour deux hautbois et un violoncelle , composée pour la souscription en faveur des inondés.

LITTÉRATURE.

ALLETZ (Edouard.)

580. Alphonse Doria; 2 vol. in-8.

ALLOU (C. N.), ingénieur au corps royal des mines.

582. Description des monuments des différents âges, 1 vol. in-8°.

AZAÏS.

583. De la phrénologie, du magnétisme et de la folie; 2 vol.-in-8,

BIDAUT (J. N.), 8, *rue Saint-Dominique.*

585 à 596. Fragment d'un roman politique inédit. Extrait de la Nouvelle-France, 12 exemplaires.

*DELAFAGE (Adrien), 8, *rue Rochechouart.*

596 bis. Seméïologie musicale, ou exposé des éléments de la musique, in-8° jésus.

DEPPING (G. B.)

597. Les Juifs dans le moyen âge. 1 vol. in-8°.

DESARNAUD.

598, 599. Essai sur la comptabilité commerciale; 2 exemplaires et 10 brochures.

DESBAROLLES.

600. Un mois de voyage en Suisse.

DUFAU (P. A.)

601. Essai sur l'état physique, moral et intellectuel des aveugles-nés, 1 vol. in-8°.

JARRY DE MANCY, 5, *rue Cassette.*

602. Le Livre d'honneur, accompagné de gravures diverses.

JOHNSON.

603. Un volume et quatre brochures sur l'étude de la langue anglaise.

LOUBENS (Emile.)

604. Manuel de morale.

MARTIN.

605. Histoire de la condition [des femmes], 1 vol.,
4 exemplaires.

MARTIN (Aimé.)

606. Éducation des mères de famille.
607. Etudes de la nature, par Bernardin de Saint-
Pierre, 2 vol. in-8°.

MONTÉMONT (Albert.)

608, 609. Traduction des odes d'Horace, 2 exemp.
610. Voyage à Londres.

ORSINI (l'abbé.)

611. Les Fleurs du ciel, ou imitation des saints,
1 vol. in-8°.

TARDIF (Alexandre.)

612 à 614. Distiques et quatrains sur les principaux
tableaux du musée de Versailles, 3 exemp.

TISSOT (Joseph), professeur de philosophie.

615. De la manie du suicide, ou de l'esprit de ré-
volte, 1 vol. in-8°.

Société libre des Beaux-Arts

CATALOGUE

DES

OBJETS OFFERTS PAR LES ARTISTES FRANÇAIS

POUR LA LOTERIE

EN FAVEUR DES INONDÉS DU MIDI.

IIᵉ SUPPLÉMENT.

PEINTURE.

ALAUX, 21, *rue de la Tour-d'Auvergne.*
616. Le Pélerin, dessin sur papier de couleur.

APPERT (Eugène), 19, *rue Navarin.*
617. Un turc, pastel.

AUDRY.
618. Paysage, lavis.

AULAIRE (A. Saint).
619. Un homme à la mer, sépia.

* AULNETTE DUVAUTENET, 1, *rue de Nazareth.*
620. Psyché et l'Amour.

BALTARD.
621. Souvenir d'Italie, dessin lavé.
622. L'empereur et l'impératrice traversant la galerie
du Musée un jour de cérémonie.

BAYARD.

623 à 626. Quatre épreuves photographiques sur papier.

BOUCHET.

627. Restauration d'un triclinium , à Pompéi , aquarelle.

BOUCHET (Jules).

628. OEdipe, enfant sauvé par un berger, dessin par feu Meynier.

* BOURLA, 59, *boulevard Saint-Martin.*

629. Un paysage, aquarelle.

COGNIET (Jules), 4, *place de la Bourse.*

630. Uue marine, clair de lune, pastel.

COLIN (A.), 100, *rue du Faubourg-Poissonnière.*

631. Une tête de Christ.

DELIGNY, 32, *rue de l'Arcade.*

632. Une marine.

DUCORNET, né sans bras, 5, *quai Voltaire.*

633. La résurrection, esquisse.

GOBLAIN (Mlle Bathilde).

634. Vue d'Epone, aquarelle.

GREVEDON.

635. Portrait de femme, dessin.

ISABEY (Eugène).

636. Une marine.

JOYANT.

637. Ruines de Rome, aquarelle.

KARR (Alphonse).

638 à 640. Trois tableaux de l'Ecole flamande.

LAPITO, 69, *rue Neuve-des-Petits-Champs.*

641. Paysage, aquarelle.

* LEMONNIER DE LA CROIX, 10, *place Breda.*

642. Un tableau, par Dabos.

LÉNA.

643. Paysage, aquarelle, par Fournier des Ormes.
644. Les marionnettes, sépia, par Ladurner.

LE RÉE (A.)

645. Paysage.

MARÉCHAL, de Cambray.

646. Effet de lune, dessin sur papier bleu.

MASSON.

647. Le samaritain secourant un blessé.

MOULLIN.

648. Paysage, aquarelle.

RAY.

649. Saint Georges, peinture ancienne sur cuivre.

REGNIER (Auguste), 80, *rue Hauteville*.

650. Etude d'après nature, faite dans la forêt de Compiègne.

* SABATIER (Léon), 4, *boulevard Saint-Martin*.

651. Un paysage, dessin sur papier de couleur.

SAULCHOY (Félicité de), née du Monbar.

652. Le singe et le chat, aquarelle.

SENEVAS (baron de), 26, *rue Godot-de-Mauroy*.

653. Vue prise en Normandie.

* SERRUR, 11, *rue de l'Abbaye*.

654. L'aumône.

TARAULT.

655. Paysage, aquarelle, par Gherardi.

* VARNIER (Jules), 70, *rue d'Enfer*.

656. Le Christ au tombeau.

* VAVIN (Eugène), 2 bis, *rue Richer*.

657. Vue des bains de Granville.

SCULPTURE.

BRA.

658. Buste du général Foy.

Buzzi, 14, *rue des Marais-du-Temple.*

659. Une lionne, bas-relief en bronze.

* Fessard, 47, *rue de Sèvres.*

660. Marie Taglioni, statuette en plâtre.

Foyatier.

661. Spartacus, statuette en plâtre.

Jouffroy, 3, *rue de l'Est.*

662. Jeune fille confiant son premier secret à Vénus, statuette.

Romagnesi.

663. Une coupe en carton pierre, modèle rapporté d'Italie.

GRAVURE.

Biondi.

664 à 666. Trois gravures en taille douce (1).

Bullat Delarue.

668. Edouard en Ecosse, d'après P. Delaroche.

Chatillon, professeur à l'école de Saint-Cyr, à Versailles.

669. Saint-Michel, gravure d'après Raphaël.

Durosier, imprimeur-libraire à Moulins.

670. Keepsake de l'art en province, 1 vol. in-8°, relié et doré sur tranches.

Infroit. 5, *rue de Paradis, au Marais.*

671. Six lithographies de Charlet.

672. Deux   id.   de Ducarne et d'Alberti.

Jacquand, 32, *rue de l'Arcade.*

673. Rubens recevant la visite de Marie de Médicis, gravé par Allais.

674. Ribeira arraché à l'indigence par la munificence du cardinal Ximenès, gravé par le même.

____

(1) Voir à la fin, corrections et additions.

JOLIMONT (T. DE).

675. Deux alphabets d'initiales gravés sur bois, d'a-
    près les dessins de T. de Jolimont, 2 feuilles

676. Description historique et vues pittoresques des
    monuments de la ville de Lyon, 1 vol., texte
    et planches par T. de Jolimont.

* JOLIVARD, 59, *boulevard Saint-Martin.*

677. Sept essais à l'eau forte.

MAUREY (Mme), 58, *rue du faubourg Saint-Martin.*

678. Deux gravures, d'apés Fragonard père.

MONTAUT, *rue de l'Estrapade.*

679. Quelques lithographies.

* PÉRON (Alexandre), 3, *rue de l'Abbaye.*

680. Plusieurs lithographies.

ROLLET (Lucien), 12, *rue de Vendôme.*

681 à 683. Trois gravures, épreuves avant la lettre (1).

SIBERMANN.

684. Album typographique, tiré à l'occasion de la fête
    de l'imprimerie à Strasbourg.

TERRAL, à Amiens.

685. Sainte-Amélie, lithographie.

MUSIQUE.

GRANGER (Mlle Palmyre).

686. Tempête, morceau de musique autographe.

HENOCQUE (Mme).

687. Une fleur des champs, valse pour le piano.

LAHAUSSE 34, *rue Neuve-Vivienne.*

688. Fables de Lafontaine : La cigale et la fourmi.

689. Musique pour les poésies de Mme A. Tastu, n. 15,
    20, 21, 22, 23, 24 et 27.

690. Chants divers : Egypte et Russie. Modestie et
    simplicité.

(1) Voir à la fin, corrections et additions.

691. Adoro te supplex, motet pour trois voix (autographe inédit).

LITTERATURE.

BERTRAND (P.), libraire-éditeur, 38, *rue Saint-André-
des-Arts.*

692. Etudes historiques sur les révolutions de Paris,
par P. Christian, 1 vol. in-8°.
693. Histoire du clergé de France, civilisateur, missionnaire et martyr, depuis la prédication de
l'Evangile dans les Gaules, jusqu'à nos jours,
par P. Christian, 2 volumes in-8°.
694. De la connexion des sciences physiques, ou
exposé simple et rapide de tous les principaux
phénomènes physiques, astronomiques, chi-
miques, géologiques et météréologiques, tra-
duit de l'anglais sous les auspices de M. Arago,
par M. T. Meulien, 1 fort volume in-12.

BÉTHUNE et **PLON**, éditeurs, 36, *rue de Vaugirard.*

695. Les Artisans illustres, 1 vol. gr. in-8°, orné de
250 dessins sur bois, publié sous la direction
de MM. le baron Ch. Dupin et Blanqui aîné.

CHANTAL.

696. Manuel des dates.

CHATEAUBRIAND (le vicomte DE).

697. Le Génie du Christianisme, 1 vol. gr. in-8°, il-
lustré, avec un autographe de l'auteur.

COFFINIÈRES, avocat à la cour de cassation, etc., 350,
rue Saint-Honoré.

698. Traité de la liberté individuelle, 2. vol. in-8°.
699. De la bourse et des spéculations sur les effets publics, 1 vol. in-8°.

COMTE.

700. OEuvres de Colardeau.
701. id. de Lafontaine.
702. id. de Lefranc.
703. Théâtre de Lesage.

* **Delestre** (J. B.), 350, *rue Saint-Jacques.*

704 à 715. Etudes des passions appliquées aux beaux arts, 1 vol. in-8° 12 exemplaires.

Devillers (Alexandre), ancien capitaine d'état-major à l'armée du prince Eugène, 33, *rue de l'Est.*

716. Précis historique sur Napoléon, 1 vol. in-18, six exemplaires brochés.

Dupuis.

717. Epître aux Invalides.

Lardin

718. Notice sur feu Bouffet, compositeur; trois exemplaires.

719. Notice sur feu Andry, médecin; trois exemplaires.

Lehuby (P. C.), libraire-éditeur, 53, *rue de Seine.*

720. La piété du Cœur ou les emblêmes de la vie chrétienne, par M. de Chantal.

721. Sagesse et Bonheur ou le Toit Paternel, par M. Champagnac.

722. Devoir et Récompense, par le même.

723. Le Prix d'encouragement de l'Adolescence, par le même auteur.

Mansut, libraire-éditeur, 30, *place Saint-André-des-Arts.*

724. Histoire Romaine, de Florus, traduction nouvelle, par Ch. Durozoir.

Paillet de Plombières.

725, 726. Les Athéniennes, choix de poésies, deux exemplaires

Pérignon (Mme).

727. Une Passion entre Epoux, 2 vol. in-8°.

Société de l'enseignement universel.

728, 729. La langue Maternelle, par M. Jacotot, deux exemplaires.

Société libre des Beaux-Arts.

CATALOGUE

DES

OBJETS OFFERTS PAR LES ARTISTES FRANÇAIS

POUR LA LOTERIE

EN FAVEUR DES INONDÉS DU MIDI.

IIIe SUPPLÉMENT.

PEINTURE.

ANONYME.

730. Vue prise dans les Alpes.

ANONYME.

731. La famille de Darius, d'après Lebrun, dessin.

ANONYME.

732. Le marchand de reliques.
733. Voir 736 *bis*.

CHALLAMEL, 4, *rue de l'Abbaye.*

734 *bis*. Étude d'une maison du XVIe siècle, à Li-
sieux, avec une notice historique, par Bruno Gal-
bacio.

COUSSIN (Mme).

735. Scène d'incendie, esquisse.

DALLEMAGNE.

756. Paysage à la mine de plomb.

GIHAUT frères, *boulevard des Italiens.*

736 *bis*, sous le n° 733. Souvenirs militaires, par Bellangé.

GODEFROY (Félix).

737. Paysage, mine de plomb.

GRANGER (Mme V^e).

738. Cours de dessin, lithographié par Granger.

HEYRAULD.

739. La promenade à cheval.

HIMELY.

740. Vue de Rouen, aquarelle.

LAYNAUD, 150, *rue du faubourg Saint-Denis.*

741. Tête de vieillard, dessin à l'estompe.

NANCY (Mme).

742. Un écran avec fleurs et paysage peints.

ROEHN (Alphonse).

743. La couronne de fleurs, dessin sur papier de couleur.

TIRPENNE.

744. Paysage, dessin sur pierre.

VIOLET-LEDUC.

745. Vue du pont Saint-Michel (vieux Paris), sépia.

SCULPTURE.

ELSHOECHT, 16, *rue de l'Ouest.*

746. Sarah, statuette.

ARCHITECTURE.

NORMAND aîné, 38, *rue Saint-Jacques.*

47. Monument expiatoire.

MUSIQUE.

LACOMBE (Louis).

748. Le départ, nocturne pour le piano, autographe.

*** TOLBECQUE.**

749. Valse, autographe.

LITTERATURE.

ANONYME.

750. Histoire de France, par Bossuet, 3 vol. in-8°.

BABOEUF (Mme).

751. L'inondation de Lyon en 1840, par Madame Desbordes Valmore, autographe.
Le même morceau imprimé.

CHALLAMEL, 4, *rue de l'Abbaye*.

752. France littéraire, nouvelle série, 9° année, tome 1er.

GAUTHIER (Aub.).

753. Introduction au magnétisme, 1 vol. in-8°.

LESGUILLON (Mme).

754. Rayons d'amour, 1 vol. in-8°.

LESGUILLON.

755. Albéric, ou la comédie de quinze ans, 2 vol. in-8°.

ADDITIONS ET CORRECTIONS.

Les deux gravures offertes par M. Rollet, et comprises sous les n° 332 et 681, représentent la femme du marin; celles n°s 333 et 682, une femme attaquée par un serpent; et celles n°s 334 et 683, Louis XI et son fils.

Les gravures offertes par M. Biondi, sont : 1°, n° 664, la Magdalena; 2° n°. 665, une Sibylle; et 3°, n° 666, une Vierge.

SOCIÉTÉ LIBRE DES BEAUX-ARTS.

PROCÈS-VERBAL

DU TIRAGE AU SORT DES OBJETS

OFFERTS

POUR VENIR AU SECOURS DES INONDÉS DU MIDI.

L'an mil huit cent quarante et un, le douze juin, en vertu de l'autorisation de M. le préfet de police, en date du vingt-neuf mars même année, la Société libre des Beaux-Arts a procédé au tirage au sort des objets offerts par les artistes français pour venir au secours des inondés du Midi. Présidaient à cette opération MM. Mirault, président de la Société libre des Beaux-Arts pendant l'année 1840-1841 ; Delaire, président en exercice ; Durozoir, président de la commission de souscription, assistés de MM. Jacquemart, secrétaire de ladite commission, et Bienaimé, Milon et Allais, commissaires faisant fonction de scrutateurs. Étaient présents MM. Petit, président de la commission de secours du département du Rhône ; Vernes, trésorier de la même commission ; Termes, maire de Lyon ; Legentil, membre de la même commission, député du département de la Seine ; Decan, maire du troisième arrondissement de la ville de Paris, et Normand aîné, auteur de la proposition d'une souscription en objets d'art pour venir au secours des inondés du Midi.

A l'ouverture de la séance, M. Mirault a donné lecture de l'autorisation sus-mentionnée de M. le préfet de police, et présenté les explications suivantes :

Le nombre des objets mis en loterie au profit des inondés s'élève à 755 (sept cent cinquante-cinq), ainsi que le constate le troisième supplément au catalogue qui se trouve en ce moment sous presse. Toutefois, la commission de souscription a cru devoir, dans l'intérêt même des porteurs de billets, réunir plusieurs objets, et, sans diminuer notablement les chances de gain, augmenter ainsi la valeur des lots, qui se composent d'objets cotés dans le commerce, comme les livres et la musique gravée, par exemple. Par suite, le nombre des billets mis dans la roue se trouve réduit à six cent un. Pour faciliter la confrontation des numéros gagnants avec le catalogue, les indications de celui-ci ont été suivies, sauf pour les lots multiples où l'on n'a pu donner que le numéro principal.

Les billets émis étaient au nombre de trois mille trois cent dix ; il en est resté entre les mains de la Société libre des Beaux-Arts deux cent vingt-neuf. Ces billets restants sont déposés sur le bureau avec les numéros correspondants, et se trouvent ainsi annulés.

Nous devons prévenir le public des réserves faites par les donataires. Il est bien entendu que les peintures, dessins originaux, sculptures, manuscrits, etc., ne pourront être reproduits ou publiés sans l'autorisation expresse des auteurs. Le dessin de M. Jules David ayant même une destination, ne sera remis au gagnant qu'après avoir été gravé. Nous devons encore faire remarquer que la plupart des gravures exposées sous verre sont dans des cadres appartenant à des tiers, et seront remises en feuille. Mais aucun doute à cet égard ne saurait s'élever dans l'esprit de la partie prenante ; lorsque le cadre fait partie du lot, le numéro du livret est placé sur le verre ; dans le cas contraire, c'est sur la gravure même que l'étiquette se trouve fixée.

En terminant, M. Mirault adresse des remercîments aux propriétaires des galeries artistiques du bazar Bonne-Nouvelle, pour l'hospitalité libérale qu'ils ont offerte à la souscription. Il avertit ensuite l'assemblée que les opérations du tirage vont commencer, et que ceux qui voudraient se procurer de nouveaux billets sont encore en mesure de le faire. Aussitôt diverses personnes se présentent, et dix-sept billets sont délivrés.

Au moment où **M. Durozoir** commence le dénombrement des numéros des billets pour les mettre dans la roue, **MM.** Decan et Vernes font observer qu'une vérification rigoureuse a eu lieu, et qu'une nouvelle vérification entraînerait une perte de temps considérable. **M.** Durozoir pense qu'on ne peut passer outre au tirage, que du consentement unanime des assistants. L'assemblée consultée, décide à l'unanimité que les numéros des billets et des lots seront mis en masse dans les roues.

Le tirage commence aussitôt et donne les résultats suivants :

Numéros des Billets gagnants.		Numéros des Lots.	Numéros des Billets gagnants.		Numéros des Lots.
592	—	535	3191	—	576
2766	—	33	839	—	643
2017	—	316	2992	—	32
551	—	684	2386	—	459
2445	—	160	3221	—	538
1530	—	190	3283	—	755
2120	—	652	2890	—	257
714	—	194	1339	—	306
2498	—	373	1334	—	284
3187	—	176	2361	—	393
1153	—	283	2807	—	467
1252	—	50	2435	—	297
1346	—	429	1235	—	43
3172	—	124	2119	—	67
1855	—	267	2298	—	309
3292	—	347	137	—	370 (bis)
1006	—	228	434	—	383

Numéros des Billets gagnants.	Numéros des Lots.	Numéros des Billets gagnants.	Numéros des Lots.
1155	317	1547	676
2984	62	1362	307
2446	204	2928	370 (ter.)
2614	582	1245	329
3058	263	110	152
666	523	2986	692
2249	468	3013	213
1073	573	3055	666
2866	118	1157	498
2426	577 (ter.)	445	328
696	38	1953	509 (bis.)
3160	55	2430	528
2905	13	2508	741
1493	26	212	260
623	58	113	65
1323	499	1843	295
1509	113	187	175
1089	304	1266	519
1720	565 (bis.)	3210	695
511	151	2793	200
2824	520	1656	28
766	60	920	747
2231	533	1659	629
1751	655	1060	75
2001	268	1765	224
2517	740	2277	504
153	247	2552	337
1931	521	863	40
2962	680 (ter.)	2644	724
86	490	275	226
1680	110	3144	525
1259	611	2776	485
2754	15	2858	250
93	4	1079	78
924	547	1574	336
624	149	2548	481
2091	255	2379	728
530	505	2170	654
89	101	2730	289
1830	184 (bis.)	2854	330
2458	290	2610	634
256	562 (2)	1776	565
636	387	1679	563

Numéros des Billets gagnants.		Numéros des Lots.	Numéros des Billets gagnants.		Numéros des Lots.
1053	—	487	3271	—	47
1219	—	261 (bis)	1416	—	517
2673	—	69	2453	—	707
222	—	597	399	—	480
1738	—	639	1471	—	86
416	—	94	2870	—	650
455	—	357	370	—	5
763	—	312	3291	—	680
2970	—	102	2760	—	696
2877	—	142	2177	—	683
2826	—	98	3241	—	534
634	—	578 (bis)	1790	—	220
1543	—	227	1978	—	495
221	—	438	3176	—	280
2461	—	282	150	—	682
316	—	580	2529	—	497
35	—	737	184	—	411 (bis,
1698	—	515	2475	—	34
3272	—	733	220	—	503
2065	—	421	1902	—	182
1142	—	264	2221	—	628
2865	—	64	1107	—	674
576	—	156	3083	—	16
671	—	749	3201	—	199
3030	—	553	3129	—	712
919	—	672	848	—	57
2148	—	189	607	—	334
1133	—	188	3077	—	471
1742	—	39	273	—	83
1102	—	7	1626	—	256
2649	—	560	3130	—	191
1637	—	516	1684	—	562 (4)
1717	—	79	861	—	96
1228	—	319	2269	—	84
1562	—	562 (3)	3146	—	599
1484	—	520 (bis)	2977	—	59
1161	—	237	1328	—	278
815	—	345	1527	—	411
1573	—	140	2031	—	9
2190	—	568	171	—	370
214	—	126	3213	—	638
3005	—	45	2951	—	159
121	—	320	634	—	697

Numéros des Billets gagnants.		Numéros des Lots.	Numéros des Billets gagnants.		Numéros des Lots.
294	—	571	897	—	53
1120	—	42	2094	—	731
1890	—	668	2174	—	562 (5)
1057	—	607	3075	—	66
1028	—	185	2838	—	602
790	—	10	1522	—	305
804	—	671	695	—	195
374	—	177	2131	—	635
1058	—	530	2079	—	120
3029	—	71	2289	—	332
1636	—	353	45	—	231
3285	—	288	828	—	739
2666	—	302	699	—	631
1068	—	209	2241	—	633
285	—	554	1754	—	81
2261	—	30	1670	—	215
2864	—	350	124	—	385
2724	—	269	527	—	549
2348	—	248	258	—	90
1932	—	380	899	—	229
2654	—	544	2907	—	426
1247	—	172	1300	—	63
1553	—	311	1255	—	447
1024	—	157	3304	—	572
1976	—	41	274	—	669
347	—	111	2248	—	260 (bis)
2845	—	522	3018	—	230
1611	—	291	563	—	18
37	—	570	1325	—	430
2300	—	537	439	—	116
1241	—	286	810	—	428
2027	—	168	2491	—	346
2312	—	299	44	—	249
1377	—	344	2486	—	657
2960	—	91	1706	—	469
1429	—	624	1457	—	203
1822	—	562 (1)	968	—	192
558	—	364	962	—	512
1037	—	173	2584	—	340
3234	—	259	3223	—	207
793	—	136	2106	—	463
2038	—	134	2911	—	562 (6)
2945	—	76	2883	—	238

Numéros des Billets gagnants.	Numéros des Lots.	Numéros des Billets gagnants.	Numéros des Lots.
3277	508	566	234
2529	77	1727	27
1995	530 (bis)	232	446
50	239	1425	550
276	500	2191	169
2082	648	1827	716
588	271	353	457
2717	310	1565	532 (bis)
1291	698	1997	82
1032	114	781	349
2443	661	3078	243
2009	331	41	465
1550	318	2151	92
967	529	1273	25
1608	252	2482	540
1820	147	1736	214
2645	541	536	663
3047	285	2137	352
858	241	2294	348
2159	482	1480	198
393	138	843	277
1746	365	2096	139
470	546 (bis)	677	660
1050	677	1839	287
1972	486 (bis)	849	12
578	235	938	626
2620	601	1373	494
846	433	3016	651
1556	37	1930	105
2563	645	599	670
2069	417	2896	738
2615	566	2485	379
3153	486	2105	499 (bis)
935	394	359	1
2314	46	856	637
3227	108	122	162
1523	646	2913	251
181	242	2938	322
17	117	1400	19
811	685	3113	11
2990	141	1236	272
459	129	952	605 (ter)
2656	131	929	137

Numéros des Billets gagnants.		Numéros des Lots.	Numéros des Billets gagnants.		Numéros des Lots.
3253	—	174	832	—	627
840	—	653	903	—	161
158	—	416	2697	—	17
2808	—	2	761	—	52
1764	—	29	2506	—	93
383	—	569	2133	—	579
1482	—	218	2330	—	181
602	—	35	2132	—	49
292	—	165	1254	—	143
2356	—	148	473	—	314
1654	—	119	2934	—	386
2661	—	662	46	—	44
2623	—	186	2400	—	199
902	—	3	2036	—	21
1380	—	616	2444	—	206
2067	—	125	2611	—	298
1580	—	371	284	—	22
2916	—	725	542	—	232
543	—	358	1833	—	408
647	—	603	1974	—	751
2155	—	532	2573	—	204
509	—	532 (bis)	18	—	61
2052	—	146	3142	—	550
2288	—	617	1813	—	6
794	—	167	895	—	420
3076	—	745	1308	—	89
2781	—	427	3307	—	564 (3)
2557	—	564 (2)	3163	—	620
2926	—	564 (4)	1630	—	555
2236	—	407	2240	—	658
1846	—	632	1041	—	281
1397	—	562 (7)	653	—	144
1663	—	753 (bis)	1726	—	223
10	—	327	2441	—	261
2976	—	99	411	—	294
1360	—	461	84	—	641
2026	—	754	795	—	334
2432	—	575	223	—	107
3196	—	681	1340	—	315
1405	—	236	532	—	123
727	—	559	1652	—	74
1933	—	545	1961	—	418
387	—	115	1835	—	339

Numéros des Billets gagnants.		Numéros des Lots.	Numéros des Billets gagnants.		Numéros des Lots.
3200	—	254	1707	—	507
769	—	630	494	—	292
537	—	437	402	—	193
2770	—	744	1306	—	14
2586	—	166	1424	—	462
1779	—	727	130	—	54
2993	—	240	142	—	245
2565	—	546	2434	—	477
3217	—	265	904	—	180
1566	—	51	889	—	567
548	—	210	2910	—	381
2750	—	70	2218	—	642
2657	—	649	2857	—	551
1805	—	296	708	—	647
2367	—	244	2428	—	543
675	—	510	1268	—	103
2727	—	233	267	—	577
1968	—	127	2253	—	732
164	—	527	2141	—	574
1277	—	470	2542	—	225
912	—	419	1017	—	155
1919	—	484	1298	—	639
2575	—	623	3037	—	382
2902	—	548	1209	—	743
1510	—	351	341	—	436
1472	—	502	215	—	369
1443	—	95	2884	—	100
1591	—	217	1447	—	557 (bis.)
1645	—	202	178	—	622
744	—	501	1766	—	458
682	—	542	112	—	342
1584	—	376	617	—	31
1837	—	491	1249	—	301
2959	—	246	2772	—	208
1479	—	293	1620	—	422
2226	—	355	194	—	564 (1)
14	—	258	641	—	158
3207	—	556 (bis.)	2578	—	673
291	—	492	2670	—	596 (bis.)
2536	—	8	870	—	36
1031	—	693	3308	—	625
1661	—	366	2112	—	303
1521	—	606	2078	—	184

Numéros des Billets gagnants.		Numéros des Lots.	Numéros des billets gagnants.		Numéros des Lots.
2987	—	496	68	—	178
694	—	705	385	—	133
692	—	359	1104	—	621
594	—	183	3211	—	557
2571	—	604	776 —	—	400
646	—	20	1012	—	578
538	—	112	2168	—	664
3079	—	333	1872	—	384
835	—	399	881	—	341
2921	—	513	2063	—	736
2425	—	128	2895	—	680 (bis)
1007	—	262	2242	—	219
517	—	73	955	—	466
2847	—	85	364	—	610
1343	—	343	3068	—	734
259	—	753	1140	—	493
1468	—	748	2410	—	87
645	—	378	1583	—	338
2350	—	23	2625	—	583
1628	—	196	2	—	656
2084	—	187	13	—	276
1180	—	211	118	—	266
635	—	750	2995	—	197
2004	—	270	447	—	216
2545	—	72	2827	—	221
2860	—	205			

Après ces diverses opérations, qui se sont ef-
fectuées au milieu de l'attention la plus bienveil-
lante et dans le plus grand ordre, M. Mirault
annonce que la distribution des lots commencera
le lundi 14, à trois heures, et continuera à avoir
lieu pendant quinze jours, de la même heure à
cinq.

La séance étant ainsi terminée, le présent procès-verbal en a été dressé et signé pour servir ceque de raison.

MIRAULT, DELAIRE, CH. DUROZOIR, L. BIENAIMÉ, MILON, ALLAIS, JACQUEMART, *secrét.*, L. NORMAND aîné, PETIT, DECAN, CHARLES VERNES, LEGENTIL.